Praticando a Cura Espiritual

Todos os Dias

*Inclui tratamentos e preciosidades
do pensamento do autor.*

Raymond Charles Barker

Praticando a Cura Espiritual

Todos os Dias

*Inclui tratamentos e preciosidades
do pensamento do autor.*

Tradução:
Suria Scapin

MADRAS

Do original: Spiritual Healing for Today.
© by the estate of Raymond Charles Barker
Tradução autorizada do Inglês mediante acordo com
DeVorss & Company Publishers.
Direitos para todos os países de língua portuguesa.
©2001, Madras Editora Ltda.

Editor:
Wagner Veneziani Costa

Produção e Capa:
Equipe Técnica Madras

Ilustrações:
Ricardo Ribeiro Machado

Ilustração da Capa:
Parvati

Revisão:
Roseli B. Folli Simões
Rita Sorrocha

Tradução:
Suria Scapin

ISBN 85-7374-276-3

Proibida a reprodução total ou parcial desta obra, de qualquer forma ou por qualquer meio eletrônico, mecânico, inclusive por meio de processos xerográficos, sem a permissão expressa do editor (Lei nº 9.610, de 19.2.98).

Todos os direitos desta edição, para a língua portuguesa, reservados pela

MADRAS EDITORA LTDA.
Rua Paulo Gonçalves, 88 — Santana
02403-020 — São Paulo — SP
Caixa Postal 12299 — CEP 02098-970 — SP
Tel.: (0_ _11) 6959.1127 — Fax: (0_ _11) 6959.3090
www.madras.com.br

Uma Palavra do Dr. Barker

Estive no ministério da cura do movimento de metafísica na América por quarenta e oito anos, sinto que posso escrever sobre o assunto com autoridade. Tendo sido ativo no movimento do pensamento novo desde 1934, conheço muitos dos que hoje chamamos de "velha-guarda" — os proeminentes pioneiros do movimento de cura como Charles Fillmore, co-fundador do movimento da Unidade, Nona Brooks, fundador do movimento da Ciência Divina e Ernest Holmes, fundador do movimento da Ciência Religiosa. Todos esses bons professores eram devotos da cura espiritual.

Este livro é composto por material que escrevi para a revista *Pensamento Criativo*, publicada pela Organização Internacional de Ciência Religiosa, com sede em San Diego.

Gostaria de ver o restabelecimento da cura espiritual baseada na Mente Divina e em Seu claro conhecimento. Sei, por experiência, que este sistema de métodos espirituais é completo dentro de si. No entanto, freqüentemente foi e continua sendo diluído com outros fatores usados em técnicas de cura. Eu o convido a voltar comigo aos métodos originais baseados na Mente e só na Mente.

R.C.B.

Índice

Apresentação 11
Parte Um — As Quatro Oni's 13
   Onipresença 15
   Onipotência 17
   Onisciência 19
   Oni-ação 21
Parte Dois — Cura: as Quatro Oni's em Ação 23
   A Fonte de Saúde e Cura 25
   Você Pode Acreditar que Isso É Possível? 27
   A Consciência da Saúde 31
   A Cura Espiritual É Possível 33
   Causas Subconscientes 35
   A Consciência Alerta 37
   A Cura Costuma Ser Incômoda 39
   Você Realmente Conhece Deus? 41
   Você Realmente Se Conhece? 43
   Deus Ilimitado 45
   Não Modificar Deus É não Modificar a Saúde 47
   Idéias-chave na Cura Espiritual 49
Parte Três — Poderosos Estímulos para a Cura 51
   Deus e o Homem 53
   Mente e Consciência 59
   Bem e Mal, Positivos e Negativos 67
   Doença, Saúde e Cura 73

Oração e Tratamento 77
Parte 4 — Tratamentos: a Cura em Ação 83
  Básicos 85
    Conheço Minha Origem 86
    Sei que Minha Mente É um Todo 86
  Mente em Ação 89
    A Inteligência Governa Meu Pensamento 90
    Meu Pensamento Silencioso Revela a Verdade 90
    Eu Recebo Bem Novas Idéias 91
    Minha Intuição É Meu Guia 92
  Sabedoria 93
    Eu Vivo com Sabedoria 94
    Vivo Sabiamente e Vivo Bem 94
  Criatividade 97
    Eu Sou o Poder Criativo 98
    Hoje Eu Sou uma Pessoa Criativa 98
  Vida e Felicidade 101
    Minha Vida Atual É Ação de Deus 102
    Eu Gosto da Minha Vida Atual 102
    Agora É o Momento Designado 103
    A Vida Espera que Eu Seja Feliz 104
    Estou Contente por Estar Vivo 104
  O Dia de Hoje 107
    Eu Aprecio Este Dia 108
    Ontem Está Terminado 108
    Gosto de Hoje e de Todos os Dias 109
  Meu Bem 111
    Onde Eu Estou, Meu Bem Está 112
    Aprecio o Bem que É Meu 112
  Problemas 115
    Eu não Sou uma Pessoa-problema 116
    Eu Sou Maior que o Meu Problema 116
    Eu não Tenho Medo 117
  Saúde 119
    A Saúde de Deus É a Minha Saúde 120
    Louvo a Fonte da Minha Saúde 120

Pensamento Espiritual Cura 121
Eu Sei que Minha Saúde É Espiritual 122
Meu Pensamento Mantém Minha Saúde 122
Riqueza 125
Louvo Minha Saúde em Deus 126
Meus Recursos São Inesgotáveis 126
Deixo a Prosperidade Acontecer 127
Espero o Melhor 128
Sou Apoiado pela Vida 128

Apresentação

Treze dias antes de o Dr. Barker falecer, dia 26 de janeiro de 1988, ele e eu acabávamos de concluir um assunto pendente: seu primeiro livro em quinze anos. Dr. Barker teve isso em mente por mais de um ano, e eu tive o privilégio de trabalhar com ele, compilando o material, continuando uma colaboração que havia começado com a reedição de *You Are Invisible* e que prosseguiu com *Collected Essays of Raymond Charles Barker*.
Mais de uma década antes, eu tivera a sorte de estudar com Dr. Barker nos dois últimos anos do seu curso sobre a ciência da mente, oferecido pela Primeira Igreja de Ciência Religiosa de Nova Iorque, que ele fundou em 1946. Quando se aposentou, em 1979, mudou-se para a comunidade do deserto de Rancho Mirage, na Califórnia, e estabeleceu laços com a DeVorss & Company, que editou a sua tão popular *Ciência da Vida Bem-Sucedida*. Quando, alguns anos depois, eu também fui morar na Califórnia, nossos caminhos se cruzaram mais uma vez e tive a oportunidade de trabalhar com ele em seus livros.

Praticando a Cura Espiritual reflete o que acredito ter sido a crescente preocupação de Dr. Barker com o atual estado do ministério da cura no movimento do pensamento novo — uma preocupação precisamente anunciada em seu "Endereço do Último Presidente", para o 71º Congresso Internacional Anual da Aliança do Pensamento Novo em Houston, em julho de 1986, e que o leitor pode ver por si no prefácio de Dr. Barker para este livro. Somos felizardos, eu acho, por termos esse manual básico de cura feito por ele, e há algo ainda mais extraordinário nisso, pois este é o seu testamento literário.

A partida de Dr. Barker foi repentina, como ele sempre quis que fosse, e pareceu quase crueldade tirar de nosso meio alguém que personificava seu ensinamento com tamanha graça e inacreditável consistência. Richard Collins disse para muitos de nós: "Ele era absolutamente fiel aos seus princípios. Nisso, era uma rocha. Acredito que essa era a sua grandeza. Isso e o fato de que seu princípio era verdadeiro.".

Sua falta é profundamente sentida. Mas temos sua maravilhosa memória, e seus livros, que irão servir a novas gerações quando nós, seus "sobreviventes", tivermos seguido o caminho dele. Entretanto, temos trabalho a fazer! Em 1967, olhando adiante, ele disse sobre a sua transição dessa esfera de atividade:

"Eu não estou vivendo apenas para ir a algum lugar. Estou vivendo para ir a qualquer lugar... Quero ir mais e mais e quero seguir com maior consciência."

Arthur Vergara
Editor da DeVorss

Parte Um
As Quatro Oni´s

Onipresença

Qualquer que seja a causa originária de tudo o que há, ela precisa estar em todos os lugares uniformemente e em sua totalidade. Em todo ponto do espaço, tudo o que Deus é está pleno de ação. Não há vácuo na ordem divina. Toda Vida é ativa em qualquer forma de vida. Toda Mente é ativa em qualquer ação de inteligência em qualquer ser pensante. O Amor, a ação unificadora, está tentando funcionar em toda situação emocional. Todas essas ações certas são suas pela virtude de estar vivo e trabalhando de forma consciente.

Sua consciência desdobra-se à medida que você percebe a importância de saber, de maneira subconsciente, que Deus está trabalhando em toda atividade de sua mente, de seu corpo e em suas ocupações. Afirme diariamente, por meio de pensamentos e palavras, que tudo o que precisar fazer será feito pela ação da onipresença em você, através de você e para você. Isso apaga toda a convicção de tensão. O que você aparentemente não pode fazer, essa presença e esse poder podem e fazem. Relaxe e deixe a ação da consciência infinita assumir e será instantaneamente guiado para o que quer que precise ser feito.

O trabalho total do Espírito em seus pensamentos é a forma de facilitar e aproveitar a vida a cada dia. A vida laboriosa é desnecessária e fútil. Há um propósito espiritual em cada momento de seu dia. Procure-o e o encontrará. Como um ser espiritual, você não pode se frustrar, ser infeliz ou ficar deprimido. O divino interior sabe as ofertas que surgem e se torna o que você quer ser.

Não há virtude em ser limitado e irrealizado. Tudo de Deus é seu quando você sabe disso e age de acordo com as idéias reveladas por seu próprio conhecimento. Dentro de seus pensamentos está o processo de realização. Seu único preço é fazer uma limpeza e ter pensamentos positivos. Todo problema tem uma solução e a forma de resolvê-lo começa em sua consciência. Fique quieto por um momento e deixe que aconteça em seu pensamento a idéia que resolverá seu problema. Note que você é o seu eterno campo do conhecimento certo. Nenhuma negativa pode machucar ou diminuir o lado bom de ninguém que pratique o tratamento diário da onipresença de Deus, da verdade e do amor.

Tudo isso agora é um direito seu. Há uma luz e um caminho de verdade na sua consciência; você pode ignorá-lo, mas ele espera por sua atenção com amável paciência.

Onipotência

Todo poder e inteligência estão em ação em sua consciência enquanto você lê isto. A onipotência sempre foi, é e eternamente será verdade. É inevitável. Ela carrega todos seus pensamentos com um poder interno de realização. Isso é independentemente de o pensamento ser positivo e criativo ou negativo e destrutivo.

A onipotência é a ação da Mente para a realização em todas as situações. A Infinita Mente Causadora não é apenas onipresente — querendo dizer presente em qualquer lugar — mas sua onipotência, que é todo poder e possibilidade, está em todo pensamento que você tem hoje e em qualquer dia da sua vida. Você pode ignorá-la, mas ela trabalha sem parar em sua consciência. A cooperação com ela assegura a sua paz mental e uma vida bem-sucedida.

Seu pensamento é o fator decisivo em que a onipotência é produzida para você. Todo pensamento ou emoção negativos conduzem todo poder e inteligência para a criação de mais estados negativos em sua consciência. Negativos geram mais negativos. Pensamento positivo gera mais pensamento positivo. A cada momento você está decidindo, consciente ou inconscientemente, o caminho que o Poder Divino produz em seus afazeres. A responsabilidade por uma vida bem-sucedida é inteiramente sua. O Poder age através da consciência e de acordo com as suas coordenadas.

Estudantes dessa ciência não podem culpar fatores externos por seus problemas. Pare de se enganar. Seu problema não é causado pelas condições do mundo, questão econômica ou falta de alguma coisa. Problema é poder mal direcionado, e o resultado é a limitação. Este fato pode ser desagradável, mas é verdade. Toda a Vida responde à sua consciência tornando-se aquilo em que você está pensando e acreditando. Todo o bem está disponível para qualquer indivíduo, mas este indivíduo precisa disciplinar suas emoções e pensamentos para deixar isso acontecer.

Escolha o bem que você quer e decida que não apenas pode tê-lo, mas que sua mente lhe dará as idéias para tornar isso um fato em sua vida. Apague todas as dúvidas. Apague todo o medo de fracassar. Saiba que Deus quer que você tenha o que escolheu, desde que não vá prejudicar ninguém, nem você. Tendo pensado sobre suas decisões, saiba que elas já estão se realizando. Então, relaxe e deixe que a onipotência assuma. ela sabe como abrir caminhos, e os abrirá, se você mantiver uma consciência afirmativa.

A onipotência é impessoal. Não conhece bem ou mal. Age onde quer que pensamento e emoção estiverem ativos na mente das pessoas. Em sua consciência ela produzirá o não-bem ou o bem, como você tiver decidido que ela atue.

Onisciência

A Mente de alguém, Deus, conhece tudo e tudo sabe. Está sempre presente, preenchendo uniformemente todo o espaço e todo o tempo. É uma idéia total. Todas as idéias criativas estão nessa mente e são instantaneamente disponibilizadas para todo homem, mulher e criança que existam agora, tenham existido ou venham a existir. Inspiração para a consciência está disponível assim como o ar que você respira. Tudo isso é um presente para cada pessoa. A Mente Divina e suas idéias não têm conhecimento dos pensamentos humanos e de suas limitações. São independentes de pensamentos, opiniões e convicções estabelecidas pelos humanos. Não conhecem credos religiosos nem, as assim chamadas, pessoas ou situações especiais. São instantaneamente seus quando você os busca com toda a sua consciência.

Você pode saber o que quer saber no instante em que quiser saber, uma vez que compreenda o verdadeiro significado da onisciência. Contemple-se como uma possibilidade infinita. Esqueça por um momento como o mundo material rotula e mede o seu conhecimento. Como ser consciente que você é, sempre pode compreender idéias novas e melhores que agora fluem por seu pensamento. Isso revela as respostas para todas as questões e as soluções para todos os problemas. Não é uma reivindicação tão grande para se fazer. A ciência da Mente acredita que a totalidade da Mente Espiritual funciona em seu presente fluxo de consciência. Isso não requer exercícios ou realizações intelectuais. As idéias de Deus agora são suas e sempre serão.

Dentro de sua consciência está a mente como uma idéia total. Ela espera seu conhecimento afirmativo de que isso é seu, por direito de ser e por direito de existir. Isso não pode ser ganho, a não ser por requerer disciplina afirmativa e espiritual para saber que toda a mente é sua nesse momento. Puxando as idéias do infinito conhecedor, todas as suas necessidades são alcançadas com facilidade e em ordem. A harmonia governa o saber consciente, por isso não há medo de atrapalhar nem há especulação negativa para cancelá-la. Deus, como onipotente em seus pensamentos, o mantém onisciente. Você sempre é livre para usar grandes idéias quando o seu lar está em ordem e divinamente centrado na verdade que libera as maiores e melhores experiências de vida, aqui e agora.

Tão grande quanto a Herança Espiritual capaz de agüentar a plenitude, assim serão nossos recursos interiores! Como todo pensador criativo, você pode puxar essa inesgotável inspiração e se tornar o grande indivíduo que interiormente quer ser.

Oni-ação

O Espírito Divino, como mente infinita, está em total ação em qualquer ponto do Universo. É a ação do todo em seu domínio do todo. É energia espiritual uniformemente ativa em todo tempo e espaço. Sua ação é apenas para expandir o bem de todas as pessoas e em todas as situações. Não tem oposição. É uma energia positiva e não conhece negativas. Pode fazer e faz o que quer que precise ser feito. Esta é a ação de Deus e esta ação é onipotente e onisciente. Toda Vida, Verdade, Inteligência e Amor são essa ação. Tudo isso está instantaneamente disponível para você. Tudo o que é preciso para estar em ação em sua consciência é seu conhecimento de que isso está em ação. Afirme em seu próprio pensamento que é assim, pois é assim para aqueles que realmente acreditam na Verdade e nos maravilhosos resultados dessa ação. Esta é a Verdade que o liberta para ser aquilo que decidir ser. Abre portões para tudo aquilo o que deseja e pode ser ao deixar a oni-ação entrar em sua consciência. A única coisa que é preciso é que você saiba que é assim.

Sabendo dessa ação perfeita, toda mente e idéias estão imediatamente disponíveis na sua natureza pensamento-sentimento. Nunca mais precisará hesitar em tomar decisões corretas. Antes, você precisa saber que a idéia certa está esperando a sua necessidade. Tudo o que Deus é está dentro de você em todos os momentos e em todos os lugares. Você é amado pela consciência que tudo sabe. Todas a grandes idéias não condicionadas estão buscando manifestar-se no mundo por meio de você. Elas não têm interesse em seu passado ou em seus problemas. Agora são idéias e não são mais limitadas por termos como: passado, presente e futuro. São a ação do Todo, e o Todo sempre é agora.

Para estar totalmente consciente da oni-ação, você precisa cancelar todas as negativas, medos e feridas. Esses são desnecessários e apenas o sufocam. Jogue-os fora e ande livre para um presente melhor e para um grande futuro, cheio de bons acontecimentos e de maravilhosas relações pessoais. Isso pode acontecer porque, na Mente, já é assim. Seu único preço é a disciplina mental para, diariamente, saber que somente o Bem pode ser seu e é seu. Toda Mente, Vida e Amor o impulsionam a agir nessa verdade.

Parte Dois

Cura: as Quatro Oni's em Ação

A Fonte de Saúde e Cura

A cura espiritual é tão antiga quanto o homem. Foi localizada na história já nos primeiros dias de consciência humana. Esse restabelecimento moderno começou por volta de 1850, nos Estados Unidos. Homens e mulheres vitais experimentaram a cura espiritual através de trocas de suas consciências individuais. Fora desse ressurgimento apareceram dois grandes sistemas de cura. Um é a fé curando, como nas igrejas evangélicas. Grandes homens e mulheres pregaram tal cura em altas atmosferas emocionais e tiveram, e continuam tendo, curas.

O segundo sistema é sabiamente conhecido como cura espiritual da mente ou cura metafísica. Seus mestres proeminentes ensinam mais do que pregam. Esse tipo de cura é feito em uma calma sinceridade e trouxe mais vitalidade aos homens e mulheres que o praticam. Hoje, há igrejas e centros de cura espiritual da mente por todo o mundo. É um método prático e atual de cura espiritual. Milhares de pessoas de vários lugares podem testemunhar os resultados que obtiveram seguindo as instruções que lhes foi dada por mestres e pela literatura dessa Ciência.

A característica do sistema de cura metafísica, hoje, é a grande quantidade de literatura, livros e brochuras disponíveis para qualquer um que queira investigar essas técnicas e premissas subjacentes. Muitas livrarias têm seções onde livros de nossos principais autores podem ser comprados; e estão disponíveis em qualquer igreja ou centro verdadeiro. A venda dessa literatura é enorme e o número de leitores está continuamente crescendo. Revistas como *Science of Mind* (Ciência da Mente), *Creative Thought* (Pensamento Criativo), *Daily Word* (Palavra Diária) e *Unity* (Unidade) chegam a milhões de pessoas — todas acreditando e praticando a cura espiritual da mente.

Em todas as grandes cidades existem igrejas e centros. Pessoas que queiram informações sobre cura física, mental ou emocional devem visitar esses centros e estudar seus métodos. Uma calorosa recepção aguarda qualquer um que procurar essas igrejas, e clínicos gerais estão sempre disponíveis para aconselhamento.

A idéia básica incluída em todos os sistemas é de que o indivíduo está espiritualmente perfeito, aqui e agora. Não há pregação de salvação ou pecado. Há uma maior ênfase na necessidade de mudar o pensamento básico das negativas aceitas pelo mundo para um verdadeiro reconhecimento de que a pessoa é perfeita, espiritual e divina e deve sempre ser perfeita no corpo, na mente e nos relacionamentos. Essas idéias e muitas outras serão explicadas nas seções que se seguem.

Você Pode Acreditar que Isso É Possível?

Em um grande livro está escrito que "todas as coisas são possíveis àqueles que acreditam". Este é um ponto essencial. Muitas pessoas estão certas de que isto não é possível, embora possam estar precisando. O primeiro passo na cura espiritual pela mente é saber que é possível, sem reservas ou dúvidas. Deus responde ao pensamento positivo. Não há como responder ao pensamento negativo, pessimista e cético.

À medida que você estuda essa ciência e pratica seu pensamento afirmativo, compreende as possibilidades de sua própria consciência. Possibilidades são seus direitos espirituais inatos. Elas levantam seus pensamentos sobre os fracassos, infelicidades e enfermidades da vida. São deuses em ação na sua consciência, revelando como é a Verdade e mostrando que pode ser assim para você. Então, você usa menos negativas, fala menos negativas e tem menos negativas.

Você pode não precisar de cura física, mas provavelmente precisa de cura em outra área de sua experiência, como problemas pessoais de relacionamento, dificuldades financeiras, frustrações. Toda cura de qualquer tipo é possível por meio do claro conhecimento espiritual da Verdade e do Amor. O propósito divino de ser é ter liberdade e saúde de todas as formas e em todos os relacionamentos. Idéias espirituais realmente empregadas na consciência fazem isso.

A área de sua vida em que está descontente é a que precisa de cura espiritual, e você pode tê-la. Não há nada de fortuito na cura espiritual. Isso não acontece apenas para pessoas que são joviais e estão em uma superfície feliz. Ela acontece em virtude de mudanças subconscientes, que não são fáceis de fazer — mas podem ser feitas.

Tratamento, ou oração positiva, irá ajudá-lo a transformar seu pensamento em idéias positivas espirituais. A seguir, temos um tratamento, ou oração científica, para o bem-estar geral:

Há apenas uma Mente, Deus, Infinito Deus, Infinito Amor, Infinita Verdade.

Essa Mente dá as regras e governa tudo. Essa Mente é, agora, a minha mente.

A Vida, o Amor e a Mente de Deus estão em ação em mim neste instante.

Estou completamente preenchido com a Luz e o Espírito da Verdade.

Através de minha mente, Deus pensa.

Através de meu coração, Deus expressa o Amor Divino.

Através de meu corpo Deus expressa Sua perfeita vida, saúde e vitalidade.

Não há vida, verdade, substância ou inteligência no mal; Deus, o Bem, é tudo o que realmente há e eu estou rodeado e preenchido por isto.

Em minha vida, Deus é a única atividade que, agora, acontece.

Eu tenho sabedoria espiritual, percepção espiritual e discernimento espiritual.

Amo a Verdade, falo a Verdade, regozijo na Verdade, pela Verdade de Deus.

Que assim seja!

Mas o tratamento, ou oração, pode e deve ser tão específico quanto for a sua necessidade. A seguir, temos um exemplo de tratamento específico para Direção Divina:

Deus é a Mente, e sua perfeita Inteligência está, agora, agindo em mim e para mim.

Esta perfeita Mente de Deus me criou e é a capacidade de pensar dentro de mim.

Eu sei que na Mente Divina está a resposta para todas as questões e o preenchimento de todas as necessidades.

Agora eu estou, definitivamente, inspirado pela ação certa em minha vida pelas Idéias do Espírito que está agindo em minha consciência.

Sei o que fazer, quando fazer e como fazer.

Estou aberto e receptivo à direção de Deus, sabedoria de Deus e amor de Deus.

Eu regozijo em minha fé, segura nessa sabedoria interna, e sou bem sucedido em todos os meus caminhos.

Que assim seja!

A Parte Quatro deste livro contém 33 tratamentos, sob dez títulos abrangentes, para sua direção e auto-ajuda.

Você encontrará orientação para isso em outras literaturas que, contudo, não são para serem lidas rapidamente e deixadas de lado. Devem ser lidas lentamente e refletidas, meditadas. Certamente, tais literaturas foram escritas por homens e mulheres bem treinados que conhecem e praticam a cura espiritual de mente.

Ajude na igreja de Ciência Religiosa mais próxima, centro da Ciência da Mente, Igreja da Ciência Divina, centro da Unidade, etc., para estar com pessoas que acreditam na cura e que a praticam.[1]

Procure por livros e folhetos sobre cura. Estude-os até tê-los absorvido e, então, ache mais para estudar. Se não estiver perto de

---

1. *Nota da Tradutora: No Brasil, quem estiver interessado poderá encontrar orientação em espaços esotéricos e em centros de terapias holísticas existentes em praticamente todas as médias e grandes cidades.*

nenhum desses centros ou igrejas, escreva para aquele mais próximo de você. Eles, alegremente, mandarão uma lista de livros sobre os assuntos de saúde, prosperidade e felicidade.[2]

Observe suas crenças; elas são a causa das experiências futuras. Aquilo em que você acredita seriamente, acontece. Essa é a lei da causa mental. Devemos observar bem essa lei nas páginas que se seguem.

---

2. *Nota do Editor:* A Madras Editora encontra-se à disposição dos leitores que desejarem maiores informações.

A Consciência da Saúde

A Mente Infinita pode fazer todas as coisas necessárias em sua consciência. Como vimos na Parte Um, ela é onipotente e onisciente. Sabe o que fazer para revelar a saúde completa em seus pensamentos e emoções. Esta Ação Divina apenas pode ser bloqueada por você se se mantiver preso a antigas negativas e sintomas. Também pode ser bloqueada pela recordação de doença e morte de outras pessoas. Você é uma expressão independente de Deus e pode ser curado se realmente quiser.

Saúde é uma idéia espiritual e existe na consciência de todas as pessoas, em qualquer lugar. Ela funciona à medida que o indivíduo estiver consciente dela. Sendo espiritual e perfeita, ela não sabe o que não pode fazer, então, é capaz de curar todos os problemas em todas as pessoas. É uma consciência positiva de entrega da vida que cura todos os erros e estimula todo o pensamento certo. Isso não é governado ou controlado pelas crenças do mundo. É sua saúde agora e eternamente que deve estar onde você estiver.

Isaías escreveu "Levanta-se, brilhe; pois sua luz é chegada e a glória do Senhor se levanta sobre ti.". Assim é a saúde na Mente e no Coração do Ser. Não conhece a severidade da doença nem a duração de tempo para curá-la. Ela o conhece como a si e o deixa livre para provar isso ou descuidar-se. É constante no trabalho espiritual em seu corpo, quando reconhecida por você.

A Saúde Divina não conhece os nomes das desgraças e demais problemas. Tais termos não constam do vocabulário divino, pois estão fora da Ordem Divina de vida criativa e, para a Mente, não existem e certamente não são reais. Aparecem do pensamento negativo e da falsa convicção negativa de alguém. Aparecem para desaparecerem. A vida não os conhece, e você sempre é livre para não os conhecer. Por isso, não há razão para doença de tipo algum. Freqüentemente, é bom observar seus pensamentos e sentimentos para corrigi-los imediatamente. Você deve negar e cancelar todos os medos de doença de qualquer tipo. Para convidar a saúde para sua consciência e corpo, você precisa parar de se preocupar. Seus pensamentos podem sempre ser desviados para idéias afirmativas sobre o dia. Acontecimentos grandiosos e bons estão ocorrendo, e você pode notá-los e incorporá-los ao seu pensamento mais do que outras coisas, tais como vícios e hábitos negativos de pensar. O Bem espera sua percepção dele. Ele está onde você está e dentro de seu próprio ser. Está procurando-o assim como você o procura.

A Cura Espiritual É Possível

Estudantes aplicados de metafísica foram curados muitas vezes de graves doenças utilizando o princípio da Verdade. Os resultados são totais em todos os que utilizam essas idéias espirituais? Não, mas isso também é verdade nas outras formas de cura. O leitor ocasional que acha tudo isso muito útil, mas não faz um esforço real para mudar seus padrões de pensamento emocional por um pensamento espiritual positivo, este não será ajudado.

Você não pode ser um artista bem-sucedido em qualquer área apenas aplicando os métodos do instrumento selecionado. Apenas uma real dedicação à arte escolhida, seguida da constante prática das técnicas necessárias, farão o ideal acontecer. Na cura espiritual da mente, o mesmo princípio é verdadeiro. Não é uma esperança ou desejo seguidos de frases bem conhecidas como lugares comuns que criarão os resultados positivos.

Tudo começa quando você toma uma decisão sincera de manter-se saudável por meio do uso dessas técnicas. A menos que essa decisão seja tomada, não há utilidade no procedimento com ferramentas mentais. Outras formas de cura estão disponíveis, e a sabedoria e a experiência da profissão médica são fenomenais. Além da Ciência de Cristo, ministros, mestres e praticantes da metafísica não têm rejeição à medicina e a seus praticantes. Sabemos que a Mente trabalha por intermédio dessas boas pessoas.

A decisão começa com o processo espiritual de cura. A consciência determinada, então, procede esvaziando todas as negativas de seu pensamento. Isso define claramente o resultado final das declarações espirituais programadas. É correto valer-se do autopensamento ou da autoconversação na nossa linguagem. A isso nós chamamos de tratamento espiritual. Você nega, com sentimentos, a existência de uma doença em particular e afirma, com sentimentos, sua perfeita saúde. Faça isso muitas vezes ao dia. Depois, não deixe amigos ou familiares discutirem seus sintomas. Você não precisa dessa volta ao negativo. Deixe claro a todos com quem convive que gostaria de uma conversa agradável sobre outras coisas além de seu problema. Iremos considerar o tratamento espiritual mais detalhadamente um pouco mais adiante.

Saiba que toda a Mente e o Coração de Deus estão apoiando sua firme declaração da Verdade. Tudo é para você. Não há nada contra. Você está apenas limpando sua consciência e afirmando o que realmente é. Todo o processo de cura da vida em si está respondendo às palavras que declarou. A expulsão dos sentimentos negativos libera o poder da vida que há em você para que possa fazer seu trabalho perfeitamente.

Todas as coisas são possíveis ao indivíduo que decidiu demonstrar ótima saúde por meios espirituais. Tudo o que Deus é, responde à mente conhecedora e ao coração amável.

Causas Subconscientes

Toda criação, incluindo o indivíduo, é resultado de idéias na mente. O que Deus cria, vive para sempre. Naquilo que o homem interfere, o final é negativo. Sua mente subconsciente é a consciência criativa de tudo o que você é e de tudo o que virá a ser. Comece hoje a observar os trabalhos desse grande campo emocional em sua consciência. É espiritual e onipotente quando usado corretamente para manter sua saúde mental e, por sua vez, a saúde de todas as fases da sua vida.

Esta é sua utilização correta. Agora, devemos pensar sobre seu uso incorreto. É aqui que medos e preocupações dominarão seu pensamento diário, a menos que você os reduza. Você pode sempre mudar seu pensamento. No subconsciente estão suas expectativas relativas a saúde e doença, vida e morte, amor e ódio. Sem perceber o que estava fazendo emocionalmente desde o dia do seu nascimento até hoje, experiências, pessoas negativas e mágoas foram registradas e ganharam poder emocional. Essas negativas e muitas outras buscam controlar seu pensamento consciente. O tratamento espiritual correto irá diminui-los, contanto que você esteja fazendo sinceramente seu trabalho de conhecimento espiritual diário.

Todas as doenças e desgraças são a aparência física de sérios padrões negativos subconscientes de pensamento que estiveram operando em sua consciência por muito, muito tempo. A doença não acontece apenas em uma certa data do calendário. Ela veio sendo fermentada em seu subconsciente durante um extenso período. Quando acontece, você precisa saber que a ação curadora de Deus está no ponto onde o problema está. Você nunca está fora do processo de cura do Espírito, da vida e da saúde perfeitas. Você é um indivíduo amado e uma parte vital do processo criativo da vida. Entretanto, o sábio estudante dessa ciência quietamente contempla a possível causa de seu problema. Sabendo que a causa está no subconsciente, essa pessoa começa o processo de cura pensando em Deus, pensando em saúde, força e vitalidade. Faça o que o médico mandar, mas também seja sincero em seu pensamento em Deus e na saúde. Sua atitude mental saudável e a expectativa de se recuperar completamente são o elemento de maior auxílio com que você pode contribuir aos esforços do profissional médico.

Ernest Holmes, que formulou a Ciência da Mente, escreveu que a coisa que o deixa doente é a mesma que o faz ficar bem. Ambos são processos subconscientes mentais e emocionais, e você pode direcioná-los pelo claro conhecimento de que você é espiritualmente perfeito, não importa qual seja a opinião ou aparência externa. A compreensão desse conhecimento é a melhor e mais segura política espiritual que há para sua saúde. O único preço não é em dinheiro, mas em sincero pensamento espiritual por alguns momentos a cada dia.

A Consciência Alerta

Não há possibilidade de cura a menos que você queira ser curado. Há uma expectativa Divina nesse método de cura. Toda a sua consciência precisa se modificar do negativo para o conhecimento positivo de que a cura não é apenas possível, mas está acontecendo neste exato instante. Declare em voz alta: "Agora eu estou livre de qualquer dúvida.". A Ação do Direito Divino, então, fica livre para trabalhar, porque todas as negativas perderam seu domínio no pensamento e também perderam o sentido.

O mais importante na cura espiritual é o fator pessoal. A menos que você saiba (e não apenas acredite ou deseje) que o Infinito o conhece como a si mesmo e, portanto, como saúde e bem-estar perfeitos, sua fé não será suficiente para a demonstração. Sua consciência é um centro no perfeito conhecimento da consciência de Deus. Quando está livre de qualquer pensamento errôneo, incluindo o medo, sua saúde pode crescer mais rapidamente. O tratamento espiritual diário é vital para o processo de cura. Ele fornece a atmosfera mental e emocional onde o bem pode acontecer.

O Divino não pode agir por meio de negativas. Ele age pela clareza positiva e afirmativa de consciência. Este é o trabalho que você tem a fazer, e não é ocasional; é um trabalho mental real, hora após hora, dia após dia. Isso custa muito e costuma ser entediante, mas precisa ser feito. Dê um tempo para pausas refrescantes lendo literatura verdadeira e especulando sobre as coisas boas que estará fazendo no futuro. Nunca estipule um limite de tempo para a cura.

Isto diz à inteligência espiritual que faça seu trabalho perfeito quando não for impedida por suas perguntas e falsas crenças.

Enquanto você está fazendo seu trabalho mental correto nas idéias espirituais, toda a Vida e Inteligência estão lhe respondendo. Tudo isso está em ação em cada célula de seu corpo, fazendo seu perfeito trabalho restaurador. Você está sempre na Presença Divina e sabe na Mente Divina. Você e sua saúde são uma única coisa. Toda a vida está vivendo em você neste instante.

Agora, você espera ser saudável, vital e livre de todas as limitações físicas. Isso está acontecendo porque sua consciência é capaz de deixar acontecer, conhecendo a Verdade — você é espiritual e divino. Isso é assim, e seu pensamento certo faz isso assim. Por meio de você, está acontecendo. Agora, em sua consciência, está a glória da saúde e a alegria de viver plena e ricamente. Para isso, você se regozija, agradece e fica contente.

A Cura Costuma Ser Incômoda

Para ser curado por métodos espirituais, você pode achar desconfortável ter de abandonar algumas das velhas convicções negativas que havia escolhido. Você, realmente, se acha merecedor de uma mudança espiritual em sua consciência? O sentimento de não-merecimento é um pecado metafísico. Ele fecha muitas portas pelas quais novas idéias estão tentando chegar até seu conhecimento. Você deve ter claro que, como uma criação espiritual, é merecedor de ser livre da doença, do problema ou de qualquer coisa que o esteja restringindo. Em sua própria consciência, declare que é merecedor de tudo o que Deus é e de perfeita saúde exatamente agora.

Busque em sua memória ódios antigos e atuais. Eles impedem sua consciência da ação positiva. Pare de justificar seus queridos ódios, mágoas ou outras idéias falsas do passado e do presente. Lembre-se de que nesse sistema de pensamento espiritual, não tem lugar para o automartírio no Universo. Quem se automartiriza não pode ser curado pela ação da Verdade. Você é apenas vítima de seu próprio pensamento. Os pensamentos de outro indivíduo não podem afetá-lo a menos que você os convide para dentro de sua consciência e acredite em suas falsas reivindicações. Então, eles operam negativamente em seu pensamento com a sua permissão.

Outra idéia que precisa ser considerada por aqueles que estão buscando a cura espiritual é: você se sentirá bem sem as suas mimadas irritações, autojustificativas e certeza de que são as outras pessoas quem o impedem de ser como você realmente é? Tudo isso precisa ser curado na consciência antes que possa haver uma cura no corpo, na mente ou nos relacionamentos. O tratamento espiritual da mente, que é a oração científica aplicada com sinceridade, irá apagar isso de seus padrões subconscientes de pensamento. Está escrito que não devemos ter nenhum outro Deus além do verdadeiro Deus. Nossas idéias negativas profundamente aceitas são falsos deuses. Sua eliminação é possível por meio de um estudo definido da Ciência da Mente e ensinamentos relatados. Você se liberta quando sabe a Verdade que realmente é.

Todas as idéias anteriores podem ser retificadas. Se tiver um clínico espiritual treinado, pode falar sobre tudo isso. Não espere que seus entes queridos e amigos íntimos entendam as mudanças que está fazendo. Um clínico treinado oferece opiniões impessoais, nunca faz julgamentos e sugere métodos de tratamento espiritual que irão ajudá-lo a enxergar o que precisa ser limpo em sua consciência.

No momento, tudo isso pode parecer complicado; mas é necessário. Gradualmente as luzes surgirão em seu pensamento e você estará realmente livre. Esta é a luz que ilumina todas as pessoas que buscam a Verdade e amam a Verdade.

Você Realmente Conhece Deus?

Há apenas um Deus, uma Mente e um Amor. Cada pessoa tem seus próprios conceitos, crenças e um pequeno entendimento desse Espírito criativo. Pergunte a si mesmo quão bem você conhece Deus. Se deseja a cura espiritual de uma dificuldade física, precisa saber melhor o que Deus ou Causa é e como ele trabalha. Um conhecimento superficial do poder criativo é bom enquanto se presta serviço voluntário, mas nunca curará nem mesmo uma pequena gripe. Você precisa pensar quieta e seriamente sobre a natureza da Vida no seu interior, como você. Não repita, simplesmente, termos teológicos. Eles estão obsoletos e não curam nada. Use seu vocabulário do dia-a-dia para definir, ao menos parcialmente, Deus, saúde e sua própria consciência. Seja natural. Seja você mesmo.

Há uma simplicidade maravilhosa no processo Divino de Ser. Pensamentos complicados e teóricos nunca despertam esse recurso interno. Acalme-se e pense sobre o que a vida está fazendo em sua mente e em seu corpo neste instante. Isso revela seu poder curativo na quietude. A Vida que criou seu corpo e a Mente que criou sua consciência formam um processo, não dois. Eles estão totalmente ativos agora em você, como você, mas precisam de seu conhecimento consciente para virem à tona. Quietamente declare à sua própria mente subconsciente que a saúde é um presente Divino para você. Agora afirme sua perfeita ação em sua consciência e corpo. Faça isso alguns minutos de cada vez. À medida que for fazendo, mantenha em expansão seu conhecimento espiritual utilizando mais e diferentes termos para explicar a si mesmo o que Deus e o poder curativo realmente são. Não faça desse tratamento um trabalho duro. No instante em que parecer ser um trabalho duro, é hora de parar. Paulo, o apóstolo, escreveu que não é para se cansar do bem-estar. Agora está na hora de declarar em sua consciência que você é saudável e não doente, que toda causa subconsciente, mental ou emocional, de desgraça é uma mentira e o pai das mentiras. Declare que tais causas negativas são, agora, apagadas de sua consciência e que você é saudável. Use a palavra *saudável* e não *curado*. A palavra *curado* denota um processo; a palavra *saudável* agora é um fato total. Enfatize isso e absorva seu significado.

Aqui sempre surge a questão sobre quanto tempo irá demorar antes da cura realmente acontecer. A mesma pergunta impede a cura, que só acontece quando o conhecimento da totalidade de Deus acontece em sua consciência. Quando você não pode mais se conceber como um doente, é instantâneo. Lembre-se do provérbio que diz que a prática leva à perfeição. Isso é uma verdade no tratamento espiritual.

Você Realmente Se Conhece?

Poucas pessoas realmente se conhecem. Raramente elas buscam o mundo interno da consciência. Estão tão ocupadas com metas exteriores que não têm tempo para a auto-exploração e automeditação. Nesse aprendizado, o mundo interior da mente e das emoções é primário, e o mundo exterior das experiências é sempre secundário. O que você faz não é tão importante quanto saber por que o faz. Todas as causas de seus atos, fracassos e sucessos estão em sua consciência, seu conhecimento de si mesmo. A verdadeira instrução espiritual o leva a estudar o que você é para entender quem você é.

Toda cura espiritual é um processo interior de mudança de convicções e crenças nas doenças para corrigir o conhecimento de Deus como sua saúde. É por isso que a leitura diária de literatura da Verdade e seu tratamento espiritual diário de falar afirmando sua perfeita saúde são importantes. A cura espiritual nunca é ocasional. É um negócio sério de mudança de crenças, atitudes e expectativas. Pense freqüentemente na natureza de Deus como Mente, Amor, Verdade, Saúde, etc. Tais pensamentos mantêm sua atenção na pura causa da cura e não têm efeitos colaterais, pois elevam você ao centro interno de sua consciência e o mantêm em uma atitude afirmativa para que a ação de Deus como sua saúde possa acontecer.

O corpo não pode criar desgraça de forma alguma. Ele é um efeito em mutação a todo instante devido à natureza pensamento-sentimento de sua consciência. O assunto não pode se fazer doente. Apenas a mente pode criar negativas que, então, agem exteriormente através do corpo. É por isso que é tão importante se conhecer como consciência. A cura espiritual acontece na consciência primeiro e, depois, no corpo. O médico e sua ajuda irão facilitar o processo de cura no seu corpo, e isso é bom. Mas a ação final da cura está em seu conhecimento de si mesmo como Deus em ação.

A repetição de uma idéia espiritual ou crença sempre causará eventual aceitação subconsciente. Esta é a nossa forma de oração e chamamos isso de oração científica. Não estamos tentando mudar a Deidade, estamos usando técnicas que alinham nossa consciência com a Causa Divina. A princípio, isso parecerá estranho, mas rapidamente você irá se sentir em casa com o método metafísico de curar todos os tipos de problemas.

Todo o poder está centrado em sua consciência. É impessoal, não faz julgamentos e não condena. É para você dirigir. Este é o poder espiritual que cura. Ele é seu por direito de ser e, à medida que utilizá-lo corretamente, ele glorificará o Deus que você é.

Deus Ilimitado

A chave para toda a cura espiritual de problemas do corpo é a mudança de convicção e profundo conhecimento afirmativo na consciência. Não há mistério para a cura espiritual da mente. Funciona para qualquer um que aplique suas simples técnicas. A Mente pura e perfeita não sabe sua idade, religião, crenças, erros ou virtudes. Apenas o conhece como sua amada ação da consciência. Isso responde ao seu pensamento e age sobre ele. Não é posse de nenhum sistema religioso e está disponível para todos que quiserem esse bálsamo curativo.

Deus, como Mente ilimitada e incondicional, pode fazer o impossível e o inesperado. Não sabe que a doença de alguém é difícil de ser curada e a de outro é fácil. Não tem graduações e não está sob nenhuma lei de comparações. Sua atividade perfeita de cura está na consciência de todos os indivíduos. Mas apenas pode agir quando houver um conhecimento dela e o desejo de sua parte de ser curado. Onde não há fé nela, ela não pode curar. Quando você decide ser curado pela ação da Verdade, há uma resposta imediata de vida, saúde e cura novas.

Deus responde à sua receptividade e nova expectativa. Sabe o que fazer, como fazer e faz, contanto que ele tenha sua completa cooperação no conhecimento certo e positivo. Em seu pensamento e fala, negue toda e quaisquer dúvidas de sua capacidade, poder e presença. Ela está sempre onde você está. Essa Ação Divina não conhece seu problema, apenas o percebe como uma perfeita expressão de seu ser total. Isto é a atividade da cura.

A total cooperação da pessoa que busca a cura pela terapia espiritual é essencial ao processo de cura. Metade do coração cooperando não irá trazer nenhum resultado positivo. Muitas pessoas que recorrem à cura espiritual da mente são entusiastas e cooperam por poucos dias. Então, suas expectativas oscilam e outros interesses absorvem sua atenção mental. Mais tarde, dizem aos outros que a cura espiritual não funcionou. Não funcionou porque elas não seguiram pela demonstração total. Freqüentemente, desde o começo, não acreditavam realmente que isso iria curá-las. Deus requer sua total consciência para curá-lo. Sem admiração, o grande mestre espiritual disse "Ó ser de pouca fé". É fácil dizer sim a um programa espiritual, mas é muito diferente dar cem porcento de seu pensamento e sentimento. Felizmente, há os poucos que praticam a cura espiritual da mente e têm excelentes resultados. Estes provaram sua disponibilidade e sua Verdade.

Não Modificar Deus É não Modificar a Saúde

Há apenas uma coisa a ser curada: a consciência do indivíduo que está doente. O Espírito Infinito não tem nenhum conhecimento da doença ou da indisposição. Sua consciência conhece a saúde, a vitalidade e a perfeição de cada uma de suas amadas criações. Ele conhece você como a si mesmo. Conhece você como suas ações de grandes idéias. Não tem compreensão sobre nada distinto de si mesmo. Seu conhecimento é o da total perfeição dentro e através de sua completa criação.

"Tudo faz parte da Mente Infinita e de sua infinita manifestação". Uma grande mestra — Mary Baker Eddy — declarou isso e essa é a Verdade de cada indivíduo. O corpo físico e todas suas aparentes dificuldades são efeitos temporários do não-conhecimento da verdadeira Causa Divina. Deus, o conhecedor perfeito, curou milhares ao longo da história e é igualmente ativo neste momento, no conhecimento correto daqueles que realmente buscam e encontram a saúde que nunca foi doente ou limitada de forma alguma. Não modificar Deus é não modificar a saúde.

Buscar e encontrar a saúde requer total cooperação de sua consciência. Pensar e sentir a saúde espiritual por cinco minutos e depois começar a distrair-se não vai curar nada. Se sua atenção oscilar, pegue uma revista, caderno ou livro de metafísica e concentre-se em seu conteúdo: Isso irá sustentar a consciência curativa. Muitos perguntam se não há coisas físicas que possam fazer para ajudar na cura. A resposta é não. A cura espiritual é independente de métodos físicos. Um grande mestre dessa Verdade de vida na Inglaterra costumava dizer aos seus alunos: "Faça o que seu médico mandar, mas continue tratando e conhecendo a Verdade enquanto estiver fazendo isso". Eu concordo com essa declaração. Deus precisa ser primário em seu pensamento sob todas as condições para deixar a ação curativa acontecer.

Nunca se feche para seus possíveis bens. Sua cura pelo tratamento da mente pode acontecer por muitos canais. Você irá saber, intuitivamente, o que fazer e quem poderá ajudá-lo a limpar sua consciência de todas as crenças na doença. Não condene nenhum método ou sistema que possa ajudá-lo, seja médico ou metafísico. Deus está em ação em todas as formas de cura e ajuda. Mas sua consciência é o verdadeiro agente da cura. Primeiro Deus, depois o homem. Tudo é verdade na ação quando você realmente conhece isso.

A cura espiritual é um negócio sério para a pessoa que emprega o Processo Divino. Mas nunca perca seu senso de humor. Ser capaz de rir de uma negativa é libertar-se dela. O Amor Divino responde à consciência de forma feliz e pacífica e acelera o processo de cura.

Idéias-chave na Cura Espiritual

Há uma lei da Mente que é uma lei de convicção. O que você acredita com todo seu pensamento e sentimento acontecerá em sua experiência. Perceba que isso requer todo seu pensamento acompanhado do sentimento para realizar a crença. Isso requer um pensamento dedicado à premissa do Deus Perfeito, Indivíduo Perfeito e Ser Perfeito. Esta é a base metafísica de toda a cura espiritual.

Para ter resultados, você precisa descartar todas as convicções de desmerecimento e todas as crenças no demônio, inferno e predestinação. Tais crenças impedem a ação de Deus de curar a pessoa que acredita nelas.

Resolva seus próprios problemas antes de tentar ajudar os outros. Você não pode curar outras pessoas enquanto precisar de cura. Você não é o salvador das outras pessoas. Esses métodos de cura podem ser usados tanto pelo pecador como pelo santo. Ambos os termos são relativos. A Mente Divina não conhece tais classificações. Apenas o conhece como um descendente espiritual dela mesma. Pare de tentar convencer Deus de que você está doente. Isto é uma perda de pensamento e emoção. Fique imóvel em sua consciência e saiba que a vida perfeita agora é um direito seu, é um presente do Espírito.

Você é bom o suficiente para a Mente Infinita curá-lo? A resposta é que a Verdade não conhece medidas de bondade. Não conhece o mal em nenhuma forma e não tem condenação para nenhum indivíduo. Pare todas as especulações negativas e comece a pensar como Deus pensa. Isso alivia toda preocupação e tensão. Também acaba com toda condenação das outras pessoas. Cuide de seus próprios negócios e pare de fazer falsos julgamentos. Em sua consciência você é alguém a ser curado, e isso precisa de alguma compreensão espiritual de sua parte.

Não espere até estar realmente doente para começar a pensar em sua saúde como sendo espiritual. Quando tiver conhecimento do primeiro sintoma de uma doença, é o instante de começar o tratamento espiritual. Reserve tempo, a cada dia, para leitura metafísica. Siga isso com declarações audíveis de que apenas a saúde pode existir em seu corpo. Limpe sua consciência com declarações audíveis da Verdade. Faça isso com sinceridade e faça todo esforço para realmente acreditar no que está dizendo. Deus sempre responde a tal trabalho mental.

Finalmente, busque dentro de você pela provável causa emocional. Nada o faz ficar doente além de suas convicções negativas, mágoas e decepções. Encare suas declarações mentais negativas e seja franco consigo a respeito delas. Você não precisa dizer aos outros, mas precisa de um auto-exame para encontrar as causas do que agora está aparecendo em seu corpo como uma doença. Lembre-se que a presença de Deus dentro de você é a fonte e a continuidade de sua saúde. A vida perfeita em sua mente e corpo responde ao seu conhecimento da Verdade que cura.

Parte Três
Poderosos Estímulos para a Cura[3]

---
3. Preciosidades do pensamento de Charles Barker

Deus e o Homem

Por trás de todas as circunstâncias há a Constância Divina, eterna, verdadeira e inalterável, que é Deus.

❋

Deus, como um argumento teológico, o leva e o mantém no deserto. Mas Deus, como uma ação presente, exatamente onde você está, o leva onde você quer ir.

❋

A natureza de Deus é absoluta. Mas à medida que a experimentamos, ela parece ser relativa.

❋

Nós precisamos ter uma profunda convicção de que tudo é uma imagem de Deus.

❋

Tudo é a ação de Deus, acontecendo em Deus pela glória de Deus.

❋

"EU SOU" — o nome de Deus — é o presente, não o futuro ou o passado — não é "serei" ou "era".

❋

Deus sempre está se conhecendo. O quanto ele se conhece é nossa causa de ser. Nós somos ação do seu conhecimento.

❋

O homem é Deus tornado visível. O homem é a visibilidade do Poder Criativo. O homem é a representação de Deus no nível da consciência.

❋

Não há vida de Deus e nossa vida. Há apenas uma vida — a de Deus.

❋

O homem é um complemento necessário de Deus. Sem o homem, Deus não tem como distribuir suas idéias.

❋

Tudo de Deus está em todo ponto de Deus e disponível em cada ponto de Deus. Sendo assim, Deus está em todo lugar. E tudo o que Deus é está em todo ponto de todos os lugares.

✿

Na Mente Infinita, toda pessoa existe como uma entidade separada, mas não como uma entidade isolada.

✿

O Universo expõe a lei e a ordem de Deus. O homem expõe a intuição de Deus.

✿

O que Deus concebe, o homem revela.

✿

Você é consciência na Mente, conhecendo-se como forma.

✿

Nós somos uma forma temporária em um princípio permanente.

✿

Tudo de Deus está onde eu estou e em mim, mas também está em todos os demais lugares.

✿

O Poder no qual estamos tem toda a grandeza que podemos chegar a ser.

✿

O que eu sou foi realizado antes da criação começar.

✿

Apenas aquilo em mim que é Deus pode alimentar-me em todos os níveis.

✿

Deus é ilimitado. O homem é autolimitado.

✿

Deus é sabedoria e devemos reivindicar isso.

✿

Deus nunca especializou ninguém — mas qualquer um pode especializar Deus. Deus foi a especialidade de Jesus.

❊

Como quer que você defina Deus, é a sua definição de si mesmo.

❊

O que quer que você junte ao "eu sou" é o que você se tornará.

❊

Você é uma pessoa em evolução. Saiu de todo o tempo e está indo para todo o tempo, da glória para a glória, conduzido pela imagem do Senhor. Há uma imagem perfeita no centro para fazê-lo ser o que você é.

❊

Individualidade significa auto-escolha, liberdade completa, personificação do Espírito.

❊

Estamos dando e recebendo postos da Mente-ação.

❊

Nesse ensinamento, olhamos para o indivíduo não como um corpo, mas como uma soma total de ações mentais através dos anos.

❊

Somos expressões vivas, móveis, falantes e amáveis de Deus.

❊

Você, como você, não está limitado ao ponto onde está, embora pareça estar.

❊

Quando dizemos "Deus é amor", queremos dizer o amor que estamos usando agora em alguma coisa que amamos em nosso mundo.

❊

O que acredito a respeito de Deus não me faz muito bem se estou doente, em débito e não posso lidar com as pessoas. Preciso fazer meu trabalho de convicção.

❊

Você é uma idéia na Mente. Deus está sempre melhorando a idéia a seu respeito. Ele nunca foge de novos conceitos dele mesmo.

❊

Há isso em você — Espírito — que é incondicional, apesar do que você tenha feito para se condicionar.

❊

Se você pode falar sobre Deus tão facilmente como pode falar sobre ovos e bacon ou do tempo, então, você conhece Deus.

❊

Você é importante para Deus e para o homem. Mas em primeiro lugar, você precisa ser importante para si mesmo.

❊

Se você é bom o suficiente para o Poder Criativo tê-lo criado, certamente é bom o suficiente para si mesmo.

❊

Seu pensamento mais alto sobre Deus sempre obterá uma resposta espiritual.

❊

Uma ótima prova é ver Deus em lugares comuns.

❊

Somos a união com todos os outros na face da Terra — no nível subconsciente. Somos uma ação separada de Deus apenas no nível consciente da mente. Somos um com toda a Vida.

❊

Você nunca verá Deus, a menos que possa olhar na cara de seu vizinho e vê-lo refletido nela. Nenhum homem jamais verá sua concepção de Deus porque Deus não é uma concepção. *Deus é a realidade.*

※

Não dizemos a Deus como dirigir seus negócios. Saímos do caminho; então, os negócios de Deus podem trabalhar em nós.

※

Agora, eu abro minha mente ao Deus deste instante, ao Espírito Infinito desta hora, às grandes idéias criativas deste momento. Não lamento nada sobre o passado. Eu regozijo no Deus de AGORA.

※

Mente e Consciência

O mundo é um panorama de uma Mente em operação.

❋

Nós vivemos em um universo de inteligência que sempre expressa a Mente de Deus. Nosso pensamento determina nossa experiência. Nosso humor produz nossos desejos subconscientes. Estamos sempre estabelecidos nos resultados de nossas próprias criações.

❋

O princípio universal da Vida é esse da Mente criativa, da Inteligência criativa, que age por meio da sua mente produzindo à sua volta o que está dentro de sua mente.

❋

Você é um pensador e o que pensa está dentro de uma lei, que age sobre isso em exata correspondência ao que você pensa.

❋

O pensamento é criativo porque Deus é o pensamento e a criação.

❋

A mente é divina por natureza, espiritual na origem e perfeita no funcionamento.

❋

O ponto de controle está no nível da mente.

❋

Uma mente controlada com uma bondade essencial em seu centro pode lidar com qualquer problema.

❋

O que o homem pode pensar, ele pode fazer.

❋

Nossa atmosfera mental é o resultado de tudo o que dissemos, fizemos ou pensamos, com percepção consciente ou subconsciente.

❋

Cada um está onde está por direito de consciência e quando
sair de onde está, sua consciência o levará ao
próximo lugar certo.

❈

Sua mente é seu mundo porque sua mente é a ação
do Poder Criativo.

❈

*Toda vez que você usa sua mente e suas emoções com seu
maior potencial, maior nível e melhor maneira, está fazendo
o que o Infinito sempre esteve fazendo.*

❈

*Nós estamos aqui para fazer um grande trabalho porque a
Mente que nos criou sabia o que iria querer de
nós quando o fez.*

❈

Toda vez que pensamos, colocamos a Mente
de Deus em ação.

❈

Uma coisa deve acontecer dentro de nós antes
de acontecer para nós.

❈

Sua consciência é o centro e a circunferência de
sua experiência atual.

❈

Seu atual estado de consciência dará continuidade à sua
experiência presente.

❈

Uma grande experiência nunca acontecerá antes que uma
grande consciência a preceda.

❈

Seu único inimigo é você mesmo, e a única coisa que pode
segurá-lo é sua própria mente.

❈

Sua mente determina a sua experiência. Seu pensamento e suas emoções determinam quem você é. O que você é determina o que você tem; e o que você tem não é nada além de um indicador externo de quem você é.

❊

Sua consciência é organizada para a ação, não para a inação. Qualquer coisa que tenda a diminuir a ação da consciência não é uma coisa saudável.

❊

Deus apenas pode agir de acordo com seu pensamento atual, não de acordo com os desejos que você tinha dez anos atrás.

❊

Nós demonstramos nosso atual estado de consciência — não o que desejaríamos ser.

❊

Você apenas pode ver à sua volta o que existe dentro de você. Ponto de vista é uma questão de estado de consciência.

❊

Consciência se estende além e ao redor do corpo. Qualquer coisa que você pense, está pensando a seu respeito.

❊

Sua atual consciência, em seu melhor e sua expansão, é sua visão.

❊

Idéias são a chave para tudo. A eficiência de sua mente é determinada pelas idéias que a operam.

❊

Uma idéia se desdobra de acordo com a lei. Uma planta em um vaso não luta com a terra, com o sol ou com a chuva. Ela os usa. Quando usamos as idéias de Deus, nossa consciência se desdobra de acordo com a Lei.

❊

Se usarmos a força de vontade para tentar ganhar algo
muito desejado, empurraremos essa coisa para longe.

✻

A imaginação é um dos grandes poderes da mente. Dá forma
e contorno ao humor, o molde que determina a forma.
Imaginação deve ser controlada se formos
disciplinados estudantes da Verdade.

✻

Apenas o pensamento original é produtivo em sua
experiência — não o pensamento competitivo, não
o pensamento comparativo, mas o pensamento original.

✻

No momento em que a consciência não tem mais nenhum
campo a ser conquistado, ela começa a decair.

✻

Quando a mente humana pensa "por que eu deveria tentar
algo novo e diferente?", é porque a rotina se tornou um
buraco e o buraco é fundo.

✻

Quando você toma alguma coisa como certa, um ponto de
dissolução aparece, você não pode levar a vida como
garantida. Não há nada no Universo que busque
manter o antigo, a não ser a mente humana.

✻

O pensamento certo sobre si mesmo irá automaticamente
levá-lo ao lugar certo.

✻

Minha consciência é a força que coloco no mundo.

✻

Simpatia é o redutor da mente aos problemas de
- outra pessoa.

✻

Uma pessoa realmente boa apenas é boa na extensão em que deixa uma idéia fluir através de si, o que enriquece o Universo.

❊

Você e eu, como consciência, devemos escolher o que queremos fazer ou ser. Então, todo o poder do Espírito se move em direção a essa demonstração.

❊

Onde está a atenção, o desejo vai atrás. E onde o desejo vai, as emoções seguem, auxiliando o propósito original.

❊

A direção de sua linguagem indica a direção de seu pensamento.

❊

O pensamento deve ser reto e afirmativo, não nebuloso. O Universo não decide o que você quer. Você sempre tira a média até escolher o melhor. *"É por tuas palavras que serás justificado ou condenado."* (Mateus 12:37).

❊

Não chamamos por Edison para acender a luz. Não chamamos Deus para ativar o poder. Apenas precisamos reconhecê-lo e saber que ele está lá.

❊

Você é o único pensador, distribuidor e empregador de sua mente.

❊

Podemos fazer qualquer coisa que desejar se pararmos de difundir nossa energia e organizarmos nosso pensamento, se vivermos com sabedoria. Pense no que você quer, fale das condições do que quer, espere pelo que você quer e aja como se já tivesse conseguido.

❊

Muitas pessoas querem coisas no nível consciente mas não no subconsciente. O bloqueio na demonstração pode vir daí. Faça negações definitivas a respeito desse bloqueio.

✻

Ter uma fé real é estar convencido de alguma coisa que aceitamos no subconsciente.

✻

Estamos aqui conscientemente. Estamos em todos os lugares inconscientemente.

✻

A mente subconsciente é uma função individual em um campo universal de ação.

✻

Todo pensamento vai para o inconsciente e é pensado eternamente.

✻

Sua mente subconsciente é, em média, noventa e oito por cento de você. Abençoe-a e utilize-a sabiamente.

✻

Observe sua mente e a mantenha afastada da fossa das opiniões humanas.

✻

O problema não começa no mundo. Começa na mente e depois aparece no mundo. Um estado mental sempre precede a ação.

✻

Uma firme consciência do Espírito no homem irá minimizar seus grandes problemas e mantê-los em um mínimo emocional.

✻

Toda vez que trabalhamos com um medo, com uma preocupação ou uma dúvida, estamos pegando o mais *engenhoso mecanismo que a Criação já produziu — a mente — e usando-a de forma errada.*

❋

Observe a consciência como observaria dinamite nas mãos de uma criança. Quando uma obstrução surgir, considere, considere e considere.

❋

A soma total da consciência que somos é pelo que estamos olhando e para onde estamos olhando. Nós apenas nos vemos no mundo. Quando vemos problemas, significa que precisamos limpar nossa própria consciência.

❋

Se eu sei que estou em um Poder originador, então, contemplo isso e deixo que ele aja. O Poder do Universo pode me tirar, e tira, de problemas.

❋

O Algo Infinito que formou o homem baseado em si está sempre trabalhando para o bem de sua própria criação. Nunca permite que as forças destrutivas da mente humana, no final das contas, vençam.

❋

Bem e Mal, Positivos e Negativos

A bondade no meio do mal é contagiosa. É como
uma luz na escuridão.

✳

Nós podemos destruir o mal mas não podemos criar o bem,
porque esse sempre existiu. Podemos destruir desgraças mas
não podemos criar a saúde, porque ela sempre esteve aí.

✳

Lutar contra o mal em bases materiais nunca o limpa.
Apenas o movimenta.

✳

O mal aparece para desaparecer.

✳

O mal é destruído deixando aparecer o bem.

✳

Não existe uma pessoa má, mas sim uma pessoa usando a
vida de forma trágica. Quando condenamos ou odiamos tal
pessoa, apenas colocamos mais poder do mal em suas mãos.

✳

A percepção do negativo torna-se a sua aceitação.
E a aceitação do negativo, a derrota do indivíduo.

✳

Quando você chega à conclusão de que qualquer negativa
em seu mundo pode ser destruída e que você irá destruí-la,
então, sua mente, como uma função espiritual, mobiliza um
caminho positivo sobre ela, dissolve-a, anula-a e
apaga-a de sua experiência.

✳

Não há mal permanente nem negação permanente — a
consciência, por sua própria natureza, irá
melhorar naturalmente.

✳

Negativas são ignorância; afirmativas são sabedoria.

✳

Você pode lamentar uma negativa o quanto quiser, mas o Universo nunca a lamenta. Ele está muito ocupado produzindo uma afirmação.

✲

Uma afirmativa é eterna. Uma negativa é um temporário disfarce.

✲

Fé, desejo e amor são os envolvimentos positivos de nosso mundo; medo e preocupação são os negativos.

✲

Quando você fica firme em uma afirmativa, terá a afirmação enquanto se mantiver firme em relação a ela.

✲

É fácil lidar com negativas óbvios. Mas as sutis, que vêm gotejando por trás da porta de sua mente, são as que você precisa observar.

✲

Toda idéia negativa é um vício, não importa quão pequena ela pareça. Pense qualquer coisa, desde que seja uma experiência criativa, jovial e livre.

✲

Com uma técnica espiritual, aplicada de forma consistente, você pode diminuir qualquer emoção negativa a um ponto absolutamente insignificante.

✲

Ter uma fé inabalável no invisível faz a massa de negativas ter o poder reduzido.

✲

Quando ultrapassamos nossas negativas e as deixamos morrer, tudo o que nos separa de Deus é removido.

✲

A única blasfêmia que há é o mau uso da Mente para
especulações negativas.

✲

Pensamento negativo ocasional não causa sérias doenças.
Uma negativa repetida até ser subconscientemente
assimilada causa doenças graves.

✲

Observe suas pequenas negativas e irá sempre
controlar as maiores.

✲

Uma pessoa positiva declarando princípios positivos
produz resultados positivos.

✲

Uma afirmativa declarada faz alguma coisa, mas não pode
fazer nada a não ser que você se aceite como positivo.

✲

"Não" é a ação desintegradora. "Sim" é a ação integradora.

✲

Devemos sempre dizer "sim" a um sim. Muito comumente,
afirmamos nossas negativas.

✲

Você é o receptor da negação apenas para dissipá-la.

✲

Preocupação é embrulhar uma idéia-problema com uma
atmosfera emocional negativa que nubla nossa verdadeira
visão da idéia.

✲

A escravidão aparece para desaparecer. Qualquer negativa
em seu caminho estará lá apenas enquanto você
mantiver a negativa.

✲

Medo é a negação universal. A declaração "eu não tenho medo" é uma verdade espiritual, não necessariamente material. Precisamos dizer isso. Dizendo, estabelecemos uma nova causa para estabelecer um novo efeito.

*

Pecado é o mau direcionamento de um pensamento que faz a negativa aparecer. Um período de dez minutos de profundo medo é um pecado tão grande quanto quebrar um código moral.

*

Seja diplomático mas não minta. Você pode sempre encontrar alguma coisa positiva para dizer sobre uma pessoa ou situação.

*

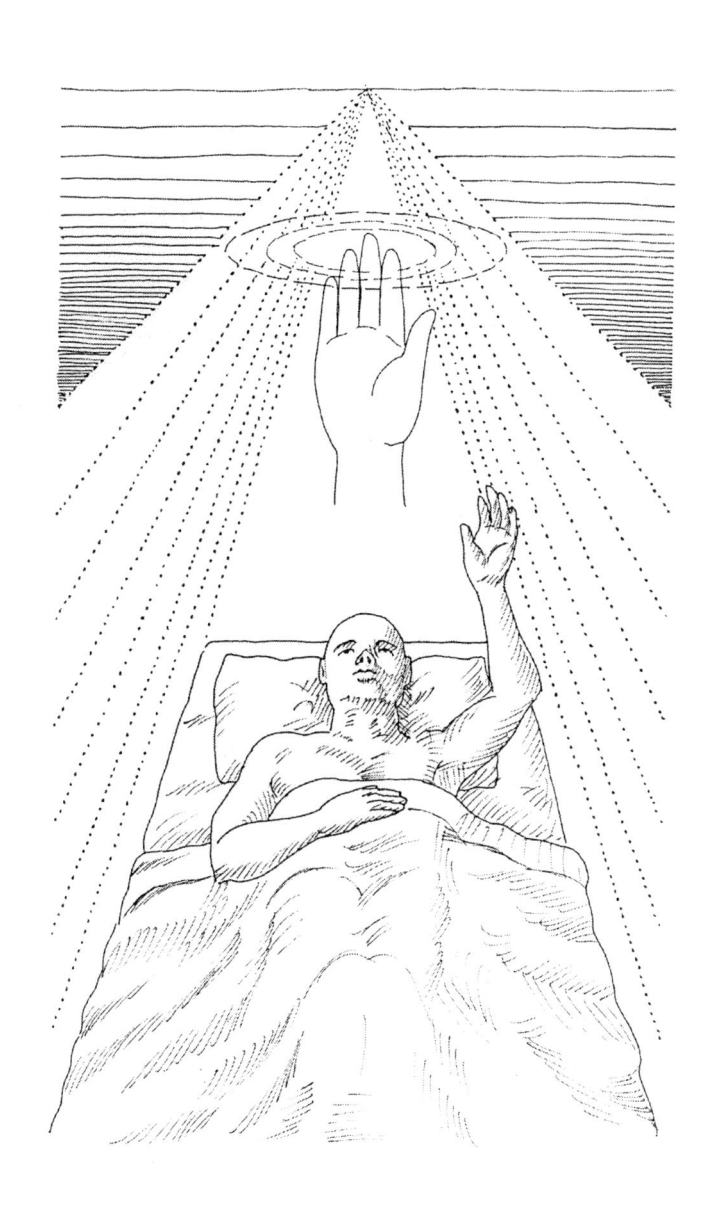

Doença, Saúde e Cura

"*Eu sou alguém com toda sabedoria, toda mente e toda saúde que há. Eu e o Pai somos um. Eu sou Espírito.*" *No momento em que fica doente, isso acontece porque você esqueceu dessas verdades sobre si mesmo.*

❋

Doença é sempre uma aceitação temporária de um estado negativo e desnecessário de mente.

❋

Desgraça é uma força de pensamento impessoal que opera pelas pessoas mas não pertence a elas.

❋

Uma doença é uma coisa finita. Algo está tentando sair de seu corpo.

❋

Há uma saúde no homem que é maior do que aquilo que ele faz com seu corpo.

❋

Doença é a morte do mal para que a saúde possa aparecer.

❋

O fracasso da expressão emocional resulta em doença.

❋

Doença é energia mobilizada para a ação, mas não usada criativamente.

❋

Não podemos suportar muito tempo de morbidez a menos que queiramos ficar na desgraça por bastante tempo.

❋

A cura da doença deve personificar o crescimento espiritual ou a doença irá voltar.

❋

Psicólogos descobriram que o intelecto não pode curar, mas o desejo, sim.

❈
Jesus curou o homem que estava "doente de paralisia" (Mateus 8:6). Quando você está doente de estar doente, ficará bom.

❈
Toda cura espiritual, em última análise, não é nada além de autopercepção espiritual.

❈
Quando descobrimos o que há de errado em uma pessoa, dificilmente percebemos o que há de bom nela.

❈
Um entendimento correto da natureza de Deus e de seu relacionamento com ele o ajudará a curar-se, porque isso fará você perceber que quando se reconhece como Vida, não está invocando um poder — está direcionando um poder.

❈
A ação de cura apenas pode acontecer em um ponto onde haja acordo com isso. Nesse instante você é isso.

❈
A cura espiritual da Mente não é feita pelo homem, mas por Deus. É feita pela introdução na mente humana de um fator até agora inativo.

❈
Um clínico destrói a ilusão negativa. Um clínico levanta o véu e deixa Deus brilhar por si.

❈
Santuários de cura fazem um trabalho maravilhoso no nível emocional. Mas não é preciso ter um lugar separado de belo esplendor. Nosso pensamento é o real agente.

❈

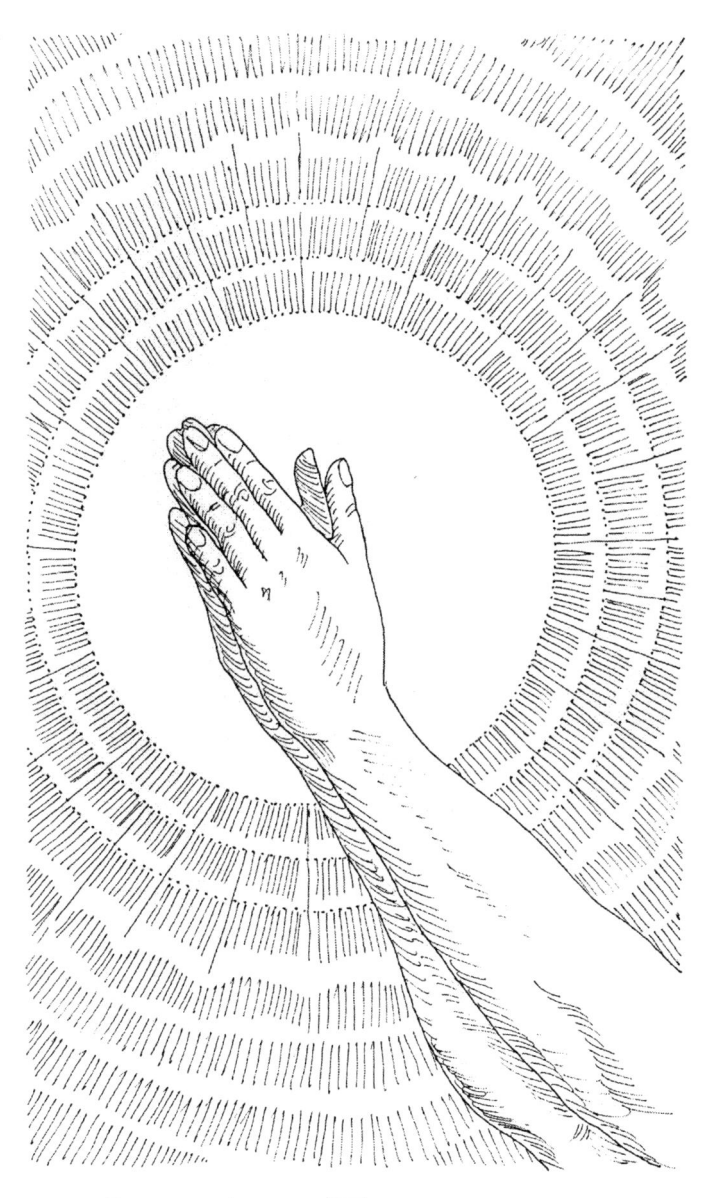

Oração e Tratamento

Toda religião ensinou uma diferente linguagem de oração e toda religião obteve resultados vindos das orações. O propósito da oração é estabelecer um humor criativo.

✻

Oração é uma técnica consciente da mente.

✻

Eu estou sempre orando, desde que esteja pensando. Não o pequeno eu, mas o meu Eu Divino.

✻

A resposta para a oração vem do humor criativo que é estabelecido pela oração e não pelas palavras.

✻

Não há nada para perguntar; há apenas algo para saber.

✻

A oração é um campo que pode sempre ser explorado. Este é apenas limitado por sua concepção dele.

✻

Se você não pode orar em uma rua movimentada ou em sua casa, não pode orar em uma montanha ou em uma catedral.

✻

Um tratamento é o Amor direcionado pela Mente. Um tratamento é seu sentimento natural direcionado por seu conhecimento natural.

✻

Quando você dá um tratamento, você é o Amor sendo direcionado pela Mente de Deus para um propósito criativo.

✻

Tratamento não cura. A mudança de consciência, como resultado do tratamento, cura.

✻

Tratamento é a autolimpeza, é a eliminação das obstruções que impediam as afirmativas de trabalharem.

✷
Todo tratamento faz algo no nível subconsciente. Nenhum tratamento jamais é perdido.

✷
Todo tratamento é registrado em algum lugar.

✷
Tratamento começa e termina no pensamento de alguém dando tratamento. Quando este termina em um lugar (a mente), termina em todo lugar.

✷
Quando damos um tratamento, estamos pensando. Estamos encontrando, nos contrapondo, neutralizando e apagando o medo, fracasso, sentimento de perda e outras negativas.

✷
Todo tratamento deve conter uma declaração contra o medo.

✷
Toda vez que nosso pensamento age fortemente, ele apaga tão certa e definitivamente como uma borracha apaga um risco de lápis.

✷
Uma negação remove a mancha de suas idéias antigas. Esta é a qualidade removedora do tratamento.

✷
Tratamentos levam as negativas embora para revelar as afirmativas que sempre estiveram lá.

✷
Um tratamento não pode eliminar uma negativa sem substitui-la por uma afirmação.

✷
Todo tratamento é comunhão, unificando-nos com a área expandida da consciência de Deus.

✷

Quanto mais usamos expressões sobre Deus no tratamento, mais eficaz o tratamento será. Não podemos curar sem usar o termo Deus ou seu equivalente.

※

Um tratamento puro é uma declaração de si mesmo como Deus em algum aspecto.

※

Um tratamento é uma terapia porque sou "EU" começando a me entender.

※

Ouse afirmar "EU SOU". Então, o que você é aparecerá em seu mundo.

※

Todo tratamento deve sempre ter um final específico em vista.

※

Tratamento para saúde faz a Lei eliminar a desgraça. Tratamento para a prosperidade faz a Lei eliminar a ausência.

※

A hora de tratar da saúde é quando você está saudável. A hora de cuidar do amor é quando você está amando e sendo amado. A hora de cuidar da paz da mente é quando você está feliz. Então, você pode dar ao tratamento o humor e o tom de sua própria atmosfera.

※

Estabeleça a atmosfera do amor; então, trate a condição.

※

Sabemos que as palavras em si não curam. É o sentimento que as segue que cura.

※

Use qualquer sentença e coloque uma qualidade espiritual nela. Isto é terapia.

❊

No instante em que abre a boca no tratamento, você é um porta-voz de Deus.

❊

A Mente sabe. A Mente fala. O paciente, estando na mesma Mente, aceita.

❊

Não curamos um paciente em tratamento. Nós adquirimos liberdade do mal.

❊

A medicina cuida das desgraças. Nós tratamos as causas mentais.

❊

Minha função é dar o tratamento. É função de Deus executá-lo.

❊

"Amém" acaba com a sua responsabilidade no tratamento.

❊

No tratamento, podemos sair do tempo e dar um curto-circuito na crítica, limitação e falta. Trate da parte de trás. Deus não reconhece tempo.

❊

O Poder apenas conhece e opera no AGORA. "Agora é o momento aceito." (2 Cor 6:2)

❊

Quando precisamos de um impulso, devemos obtê-lo com o tratamento. Temos o maquinário para isso.

❊

Devemos reservar um tempo todas as manhãs para nosso trabalho mental específico diário. Esta é a única forma que há para manter o controle sobre as comportas da mente

*subconsciente universal para que o negativo
não possa entrar.*

✻

Nós somos Vida e não temos adversários. Não há poder no mundo para impedir nossa demonstração.

✻

Parte 4

Tratamentos: a Cura em Ação

Básicos

Conheço Minha Origem

Eu não fui criado por mim mesmo. Eu sou um resultado vivo de uma consciência dinâmica que me criou baseado em si. Toda a Mente e todo o Amor são minhas origens e continuidade. Eu sou consciente de minha realidade. Sou a causa para o meu mundo de efeitos. Esta é a Verdade de tudo o que eu sou e de tudo o que deverei ser. Sabendo disso, fico seguro em minha vida diária.

Em minha consciência, que é baseada em um conhecimento espiritual, eu não tenho medo, ansiedade nem preocupação. Penso no que quero e quero o que penso. Tenho total autoridade sobre os relacionamentos de meu mundo individual por direito de conhecer, de forma correta, a Verdade. Minha consciência, agora, está limpa de todas as emoções negativas. Eu estou livre para ser o indivíduo criador que sou. Trago, para passar, meu bem programado sem lutas ou tensão. Deus em mim, assim como eu, é grande.

Eu puxo meus recursos espirituais internos de amor e paz. Isto mantém minha consciência em equilíbrio. Nunca, novamente, deverei ser machucado ou depreciado por pessoas amadas, sócios de negócios e amigos. Eu sou o que SOU, que é um perfeito Deus. Eu conheço minhas origens e consigo testemunhar este conhecimento.

Sei que Minha Mente É um Todo

A pura Consciência de Deus é tudo o que realmente há. Ela é onipresente, onipotente e onisciente. Não há lugar onde a Mente não esteja. Estou funcionando conscientemente no grande e perfeito conhecimento. Tudo o que sou é espiritual e divino. Eu sou uma eterna ação na Mente universal. Meu pensamento nesse dia afirma esta Verdade que eu realmente sou. Com sabedoria e amor, provo que estas declarações são verdadeiras. Eu sou a evidência do Puro Ser manifestado.

Idéias certas são meu direito inato. Elas se revelam e se dão à minha consciência. Elas me alertam para as maneiras certas de viver no momento e no lugar atuais. Idéias espirituais são o fundamento de minha saúde, prosperidade, avenidas para dar e receber amor e minha capacidade de completa auto-expressão. São a premissa de todo meu pensamento e sentimento. Eu penso e conheço facilmente as idéias de Deus. Eu conheço a verdade espiritual e não sou receptivo às negativas do mundo ou às de outras pessoas. Eu as rejeito assim como todos os problemas que as acompanham. Vida, amor e salubridade são meus e eu elogio suas ações em minha consciência. Eles me trazem as pessoas e as situações certas. Vivo em paz, alegria e realização. Tudo é bom.

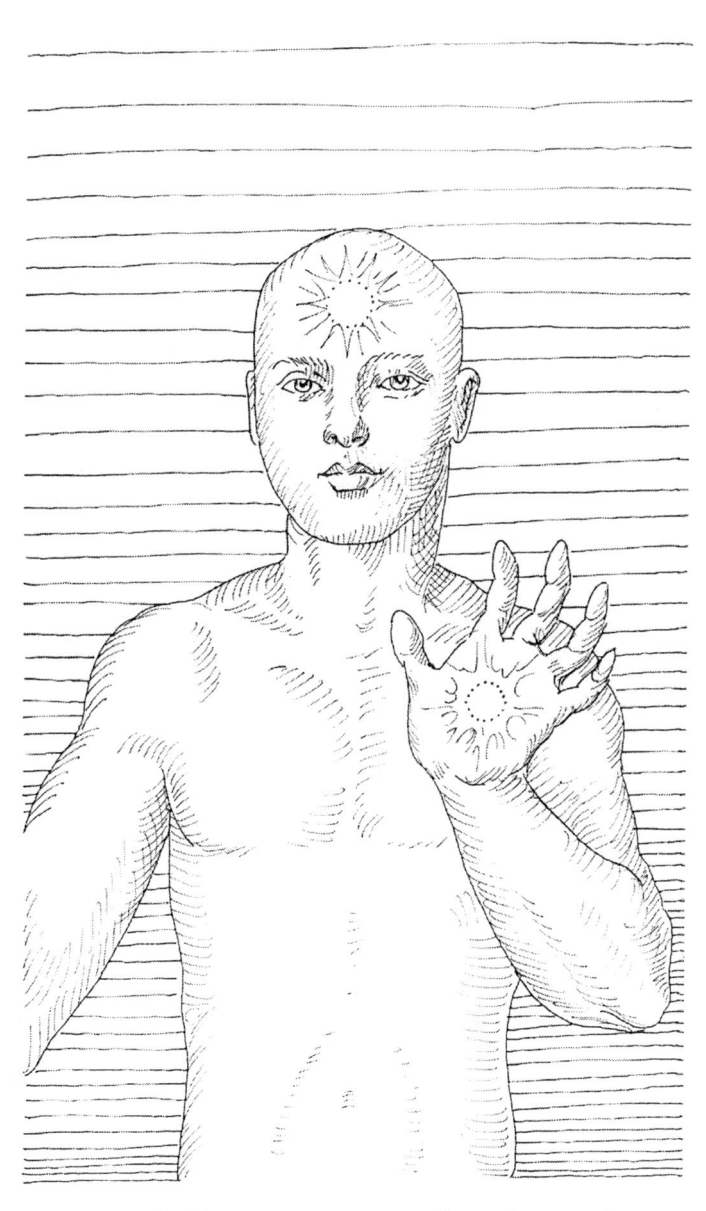

Mente em Ação

A Inteligência Governa Meu Pensamento

A total e completa Consciência Divina me criou baseado em si. Eu sou um conhecedor espiritual na lei mental que responde ao meu conhecimento. Eu sou a inteligência e todos meus pensamentos, hoje, são pensamentos inteligentes. Portanto, não há mais lugar para as negativas de qualquer tipo em minha consciência. Eu sou mental e emocionalmente livre para fazer o bem que quero, e faço isso exatamente agora. Conheço as abundâncias da vida, do amor e da prosperidade. Eu as aceito como minhas.

Todo problema que aparecer hoje eu encontrarei instantaneamente com um pensamento positivo. Isto acorda uma idéia espiritual em minha consciência para a solução da dificuldade. Não tenho medo de problemas. Eu os resolvo assim que aparecem em minha experiência. Meu pensamento é baseado em Deus, a perfeita Mente originadora. Meu pensamento prova que idéias espirituais podem encontrar qualquer necessidade quando for preciso. Em minha consciência estão todas as idéias espirituais de que preciso para todos os dias.

Eu aprecio minha consciência, ela é a causa de tudo o que quero para uma vida mais rica. É a fonte de toda minha real felicidade e meu amor. O uso inteligente da mente não apenas resolve minhas dificuldades, mas também me mantém em uma consciência criativa que é maravilhosa. Eu me regozijo por ter este ensinamento do pensamento espiritual.

Meu Pensamento Silencioso Revela a Verdade

Deus, a Verdade viva, está sempre em paz dentro de si. Agora, eu acalmo meus pensamentos de ansiedade e precipitação para que minha consciência saiba a Verdade viva do meu Deus neste momento. Eu sei que minha vida é centrada em Deus, na ordem e na paz. Eu descanso de minhas preocupações habituais e deixo a paz eterna confrontar-se com meu pensamento. Na quietude de minha mente, grandes idéias espirituais são reveladas. Eu as aceito e sigo por meio delas.

É bom relaxar de todo o medo, preocupação e dúvida. Essa paz calma é um poder curador que deixa minha consciência livre para fazer o bem, a verdade e o que é correto. Isso está acontecendo agora em todos os meus afazeres, relações de negócios, com minha saúde e meu bem-estar. A ação correta triunfa em minha vida hoje e sempre é amável, boa e pacífica.

Todo o bem que há agora responde ao meu silencioso conhecimento afirmativo. O que quer que precise ser feito para minha vida ser mais efetiva é feito agora pela Mente e pelo Coração de Deus. Deixo acontecer — toda interferência negativa em meu pensamento é dissolvida. Eu sou uma nova pessoa em uma nova experiência governada pelas idéias certas e sei que estou no caminho certo.

Eu Recebo Bem Novas Idéias

O ponto de partida de todas as coisas é a causa mental. É a Mente Infinita criando fora de si por meio de novas idéias. Minha consciência é uma com a Consciência Universal e suas idéias. Dessas idéias surgem novas e melhores formas de bem. Elas melhoram minha situação atual e revelam acontecimentos maravilhosos hoje. Elas, agora, são criadas por minha consciência, enriquecendo minha vida com novas experiências, amigos e desdobramentos.

Eu gosto das mudanças que acontecem em minha vida devido às idéias espirituais que vigoram em meu pensamento. Toda passividade e falta de interesse abandonaram minha mente subconsciente. Eu estou atento ao novo, fresco e diferente. Isso me faz crescer em sabedoria e prazer. Abre meus olhos para a glória da boa vida disponível para mim como um pensador espiritual. Essas idéias expandem meu bem e diminuem minhas negativas. Mantêm-me tranqüilo, em ordem e prosperidade.

Observando idéias que dominam meu pensamento, descarto aquelas que me limitam. Eu dou maior atenção àquelas que me ajudam a controlar as experiências. Por meio de idéias certas, opero minha consciência para que ela me dê o que quero. Faço isso com felicidade por saber os resultados que se seguem.

Minha Intuição É Meu Guia

O Espírito Infinito enche toda criação com sua presença amorosa. Isso está em tudo e em ação em todo momento e em todo lugar. Então, sua ação de amor está em minha consciência como um conhecimento claro e direto. Esta é minha intuição dada por Deus. É a Mente interior que conhece o que eu preciso saber no momento em que preciso saber. Idéias certas estão sempre esperando em minha consciência para que eu as utilize para o meu bem e para o bem dos outros.

Eu, agora, deixo minha intuição me guiar, melhorando todas as áreas da minha vida e relacionamentos. Eu, agora, rejeito todos os medos, preocupações e incertezas. Estou livre de todas as negativas. Idéias Divinas são a resposta para meus problemas atuais. Minha consciência sabe disso, recebe bem essas idéias e dá-lhes o sentido de seu pensamento e sentimento. Essas idéias contêm todo poder e todo conhecimento. Elas fazem grandes coisas por meu intermédio.

Eu aprecio as idéias criativas que minha intuição me dá hoje. Elas direcionam minha consciência para que traga à tona formas de vida novas, melhoradas e saudáveis. Sigo por meio dessas idéias espirituais em meus relacionamentos materiais. Idéias intuitivas mantêm-me saudável, livre do dinheiro e em uma atitude feliz.

Sabedoria

Eu Vivo com Sabedoria

Eu sou a personificação de toda a Vida que há. Deus é toda a Vida que existe. Toda Mente, Amor e Verdade estão, neste momento, em plena ação em minha consciência. Sou sábio com a sabedoria do Espírito. Não existe hesitação no conhecimento que Deus me dá, em sua generosidade, com todas as idéias certas. Essas são minhas fontes de tudo o que quero e preciso. Eu lhes dou liberdade de ação em meu pensamento. Essas idéias certas são minha sabedoria interna de ser. Não devo mais deixar que a falta de conhecimento da Verdade direcione de forma errada meu pensamento criativo. Eu, agora, renuncio a todas as possibilidades de erro. Nem os do passado ou os do presente me perturbam. Eu estou livre deles. Eu ajo com minha vida afirmativa hoje e nos dias que vierem. Todo meu pensamento tem base espiritual e todas as minhas criações são boas, têm valor na minha vida e aumentam o bem neste mundo.

Vivendo com sabedoria, não tenho nada a temer. Negativas não têm autoridade na consciência. Eu não sou perturbado pelas pessoas, situações e opiniões do mundo. Penso sobre as coisas que quero sabendo que já estão se manifestando. A vida nunca me deixa cair. Ela me apóia e me mantém na bondade do dia-a-dia. Louvo a Mente de Deus atuando em mim neste exato momento.

Vivo Sabiamente e Vivo Bem

Sendo um com toda a Mente, sou um com toda a Sabedoria. Em minha consciência está a sabedoria espiritual. Sabendo disso, tenho um bom discernimento para manipular meus pensamentos e minhas emoções. Eu os controlo por caminhos e direções criativas. Eu elimino toda a raiva, medo e falsas imaginações. Minha paz interior é óbvia para mim e para os outros. As opiniões e pronunciamentos das outras pessoas sobre a, assim chamada, verdade não incomodam meu pensamento certo. Minha sabedoria interior me mantém em equilíbrio e com real autoridade sobre minha experiência.

Eu escolho as idéias que são verdadeiras e elimino todos os falsos conceitos. Estou alerta em relação a idéias, situações e pessoas negativas. Eu limpo minha consciência disso e realmente sei o bem que é meu. Minha sabedoria expande todos os padrões de prosperidade em minha mente subconsciente. Meu Deus está crescendo diariamente em forma de amor e tranqüilidade. Louvo o poder espiritual de crescimento que está agora em ação em todas as áreas de minha consciência saudável. Desfruto de minha vida atual, que é abundante de tranqüilidade.

Minha sabedoria interna me apresenta caminhos de crescimento no amor, na apreciação de pessoas e na doação do melhor de mim ao movimentado mundo dos meus relacionamentos. Eu louvo a Presença e o Poder de Deus sempre ativo em minha consciência. Eu, hoje, estou ancorado na Verdade.

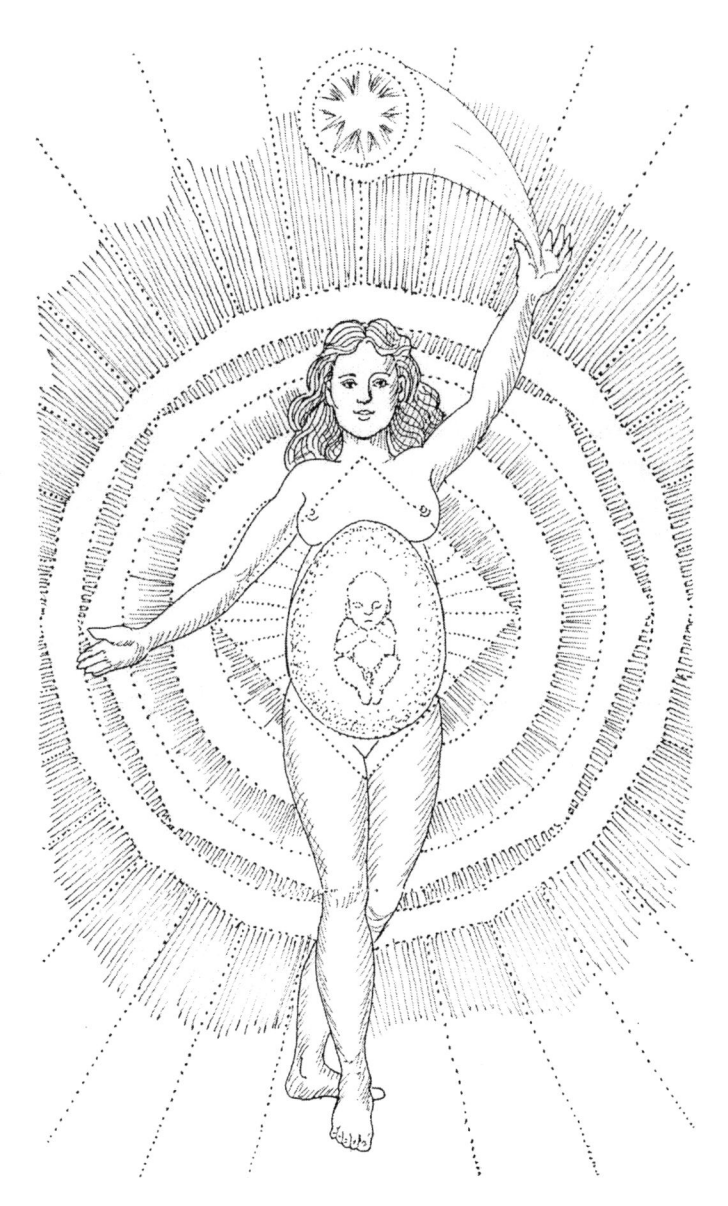

Criatividade

Eu Sou o Poder Criativo

Há um poder criativo, o Poder de Deus, o Poder da Mente. Eu sou um indivíduo criado divinamente, dotado do poder de criar o novo e o melhor. Minha consciência é o processo de pensamento de Deus e é todo o poder de sua criação. Age por meu intermédio com total autoridade. Dissolve todas as negativas e expressa todas as afirmativas.

Minha consciência é espiritualmente sensível a idéias certas. Rejeita todas as possibilidades negativas. Não abriga falsas opiniões e nunca faz julgamentos. Conhece a Verdade e cria por meio das idéias da Verdade. Suas criações são sempre benéficas para mim e para os meus semelhantes. Meu pensamento espiritual é a garantia da minha saúde. Ele mantém meu corpo na atividade certa. Esse pensamento saudável também é o fundamento da minha prosperidade. Ele liberta de meu pensamento qualquer medo de falta, no presente ou no futuro.

Sabendo disso, o que quero não acontece mais pela boa vontade de ninguém — eu crio com sabedoria. Minhas próprias criações mantêm meu bem-estar, glorificam o bem que é Deus e beneficiam aqueles com quem trabalho. Eu me regozijo no poder criativo do meu conhecimento espiritual.

Hoje Eu Sou uma Pessoa Criativa

Deus, a Mente Completa, me criou para fazer grandes coisas e para ser um indivíduo bom e amável. Agora, eu me aceito como essa pessoa de valor. A Consciência Divina nunca me mede pelo passado, por meus erros ou culpas. Ela me conhece no dia de hoje, como sua amada criação, com possibilidades ilimitadas. Não conhece idade nem empecilhos. Espera que eu seja a melhor consciência e o melhor criador do bem. No pensamento de Deus, eu sou ilimitado e não-condicionado. Essa é a Verdade do que realmente sou.

Minha mente está em paz. Não há resistência ao bem nem discussões com o meu bem. Deixo a Ação Correta Divina ocupar a minha consciência e agora faço criações melhores do que já fiz um dia. Eu estou inspirado pelas idéias do Espírito que está ativo em meu pensamento. Não repito mais o passado. Moldo o novo, melhor e mais avançado. As idéias de amanhã ocupam minha consciência hoje. Por meu intermédio, o que tiver de ser, será. Eu dou total atenção mental às idéias que agora estão nascendo em minha consciência.

A Lei da Mente aceita este meu novo pensamento e age sobre ele. Eu, agora, relaxo sabendo que minha mente fez seu trabalho criativo e o fez bem.

Vida e Felicidade

Minha Vida Atual É Ação de Deus

Minha vida é um presente livre, ilimitado e não condicionado da Mente que tudo faz. É impessoal, mas se torna pessoal à medida que vivo com sabedoria. Decido o que esta vida deve ser e faço como a minha vida em ação. Eu, agora, escolho todas as idéias em minha consciência para estar certo de que elas fazem com que minha vida seja como quero. Eu tenho saúde, vitalidade e liberdade de movimentos corporais. Eu gosto da minha vida.

Eu não crio limitações na minha vida nem na liberdade que ela me dá para fazer tudo o que quero fazer. Não fico me lamentando, e todos os padrões subconscientes de insatisfação ou queixa são, agora, apagados e vão embora. Com eles são apagadas todas as possibilidades de desgraça. Eu sou a saúde da vida. Eu sou a vitalidade da vida. Eu sou o bem-estar da vida. Meu corpo é capaz de mostrar que isso é verdade. Eu aparento estar sempre cheio de vida para todos que me conhecem.

Eu sou divinamente positivo. Não há rigidez em minha consciência nem em meu corpo. Ter pensamentos espirituais mantém-me com uma saúde vibrante. Eu afirmo a espiritualidade de meu corpo e de todo o processo nele que conserva minha liberdade de ação. Meu pensamento saudável não dá espaço para idéias negativas. Meu correto conhecimento da Verdade não lhes deixa espaço em minha mente ou em meu corpo. Minha vida atual é uma atividade amada de Deus.

Eu Gosto da Minha Vida Atual

Sei que toda a minha vida é ação de Deus. É atividade da Mente que age em minha vida aqui e agora. Tudo o que sou e tudo o que tenho é essa atividade espiritual. Eu sou receptivo a tudo o que ela está me dando e revelando por mim. Minha consciência tem, em seu interior, todas as idéias da vida em sua plenitude. Essas idéias facilitam meu caminho e o tornam perfeito. Esse é o meu seguro de vida espiritual.

Não há, em meu pensamento, uma sala para coisas desagradáveis. Tenho compreensão espiritual e vivo e trabalho em paz com os meus semelhantes. Encontro o bem em todas as situações. Gosto das pessoas e elas têm consciência de que eu gosto delas. Minha vida atual está viva tanto com o bem conhecido quanto com o inesperado. Louvo os fundamentos espirituais da minha vida hoje. Isso me inspira a fazer até mesmo grandes coisas e a crescer nos caminhos da sabedoria.

Não há medo, inquietação ou falsas preocupações sobre negativas às atividades de seus possíveis resultados. Meu conhecimento de Deus como minha consciência, que por sua vez é minha vida, meus afazeres e relacionamentos, resolve todos os problemas assim que aparecem. Eu sou sempre vitorioso. À medida que conheço e vivo a verdade, nunca fico apreeensivo. Tudo o que preciso eu tenho no dia de hoje.

Agora É o Momento Designado

A Mente Infinita não é governada por um calendário. Em minha consciência, a Mente Infinita não é dividida em passado, presente e futuro. Estou neste agora que Deus conhece e no qual a Mente opera. Todo meu pensamento é atual. Gosto de tudo o que sou no momento presente. Nunca o comparo com o passado, nem com sonhos de futuro. Sou uma pessoa de agora em uma maravilhosa consciência de agora.

Eu me recuso a ser mentalmente assombrado por meus erros. Todo o tempo, para mim, é agora, e eu limpei minha mente subconsciente disso. Também me recuso a ficar cego por falsas esperanças e sonhos de vitórias futuras. Minha consciência, hoje, está criando experiências futuras por meu pensamento certo agora. Todo o bem que eu já tive está em minha consciência aguardando meu desdobramento dessas idéias.

Estou constantemente apoiado pela Mente e pelo Coração de Deus. Este é o meu momento de experimentar todo o bem que sou e posso ser. Não tenho auto-rejeição. Sei que sou espiritualmente merecedor de um grande bem agora e mentalmente aceito isso como verdade, exatamente onde estou agora.

A Vida Espera que Eu Seja Feliz

A Vida de Deus me criou baseado nela para se conhecer mais completamente por minha consciência. Eu sou tudo o que o Infinito é ou será. Sou a expressão completa da alegria do Espírito. Minha consciência aceita isso como a Verdade do meu ser, porque é isso o que é. O sentimento oposto, que é anti-alegria, não tem poder ou autoridade em mim. Eu o rejeito e rejeito a todas as pessoas e situações que podem me trazer infelicidade.

Não há causa espiritual para a infelicidade. Ela é falsamente criada na consciência. Não faz parte do que sou realmente. Eu me recuso a diminuir meu pensamento para acreditar nela. Todos os meus pensamentos são afirmativos e baseados nas idéias de Deus, que são a única verdadeira fonte criativa de onde retiro o meu bem. Elas criam, em minha consciência e em meu dia-a-dia, uma plenitude de Vida, Amor e Felicidade.

Eu me recuso a ficar deprimido pelas condições do mundo e por causa de amigos e membros negativos da família que estão sempre preocupados. Eu tenho muitas coisas criativas e valiosas para fazer em vez de ouvir suas queixas. Minha consciência é livre de toda especulação negativa. Eu sou a Alegria e a Felicidade em minha vida hoje. Por isso, agradeço.

Estou Contente por Estar Vivo

A Vida Divina é rica, cheia e livre. Sei que sou essa vida em total ação hoje. Essa vida é o movimento da consciência divina através da minha consciência. Tenho uma consciência viva com um corpo vivo, e há vida nova em todos os meus afazeres e relacionamentos pessoais. Para mim, a vida nunca é velha nem mensurada. É vital e nova de qualquer forma. A Vida Divina está em ação exatamente agora em todas as minhas atividades, criando um bem em expansão.

A Vida de Deus em ação em minha consciência não conhece doença, idade ou morte. Apenas me conhece como sua amada ação. Portanto, todas as negativas e falsas crenças em relação à vida em minha mente subconsciente foram arrancadas e se foram. Sou livre para viver alegremente. Sabendo disso, minha saúde é esplêndida, todos os meus afazeres são prósperos e fico à vontade com as pessoas.

Há um milagre em toda vida e eu sinto sua origem e continuidade espirituais. É incrível o que a Vida de Deus em mim fez, está fazendo e sempre fará. Seus recursos são ilimitados e tudo o que é, é para ser meu. Fico contente por ter esse conhecimento da Vida e da Verdade.

O Dia de Hoje

Eu Aprecio Este Dia

A Mente ilimitada está em ação em minha consciência hoje. Esse Espírito Infinito me conhece como seu meio criativo de autoexpressão. Eu sou a entrada e a saída de todas as suas idéias. Essas idéias, sozinhas, são a fonte de meu pensamento espiritual e da minha ação criativa. Novas idéias estimulam meu pensamento, trazendo à tona ações corretas em todos os meus afazeres. Eu aprecio isso.

Todo o poder de qualquer negativa em minha consciência é, agora, dissolvido e se vai. A vida afirmativa e amável é minha nessas boas horas de possibilidade. Eu relaxo por estar agora livre de todo o estresse e tensão. Minha consciência está limpa de todos os medos. Meus pensamentos e sentimentos são merecedores do meu nascimento divino. Exatamente agora, tenho a alegria e a paz que vêm do meu bem-estar espiritual.

Eu me conheço como uma pessoa completa. Tudo o que preciso para esse dia, eu tenho. Toda a saúde, prosperidade e amor estão evidentes em minha consciência. Os outros estão conscientes de meu estímulo espiritual no pensamento e no sentimento. Eu dou afeto verdadeiro aos meus amigos e entes queridos. Estou em paz comigo e com todas as outras pessoas. Esta noite deverei dormir com facilidade e agradecerei por esse dia. É realmente o dia do Senhor.

Ontem Está Terminado

Hoje é meu dia para a correta ação criativa, produzindo resultados afirmativos melhores do que qualquer um que já criei antes. Minha consciência está organizada por antigos padrões, velhas mágoas e opiniões erradas. Em meu pensamento, ontem já terminou e se foi. Eu estou livre para interagir com os negócios da vida, do pensamento e do sentimento de agora. Eu tenho todas as idéias de que preciso para fazer isso. Em minha consciência, a Mente, Deus, me alerta para essas grandes idéias espirituais. Eu conheço seus valores e as utilizo.

Com alegria, liberto do meu pensamento todas as idéias desgastadas. As negativas de ontem se foram e, agora, sou um novo pensador em uma melhor experiência. Eu crio o meu bem sabendo, na alegria, que ele é realmente meu. Todos os canais, em minha consciência, estão fazendo isso acontecer, e agora é um fato. Eu não desejo — eu sei. Meu conhecimento é causado pela minha experiência. Seguro rapidamente o meu sonho e as minhas expectativas de bem, e meu pensamento os faz acontecer. Estou me tornando um indivíduo melhor. Respeito o bem, a beleza e o amor que conheci. Entretanto, mantenho meu pensamento e sentimento frescos e criativos nesse dia e nos grandes dias que virão. Tais dias são presentes de Deus para mim.

Gosto de Hoje e de Todos os Dias

Hoje está vivo em possibilidades. Estas vinte e quatro horas são a ação de Deus me revelando o que eu realmente sou e o que posso ser. É um dia afirmativo, cheio de Vida, Inteligência, Amor e Beleza. Este é o dia em que sou encorajado a fazer coisas melhores do que as que já fiz antes. É meu dia para viver completamente, amar mais e pensar corretamente. Minha consciência conhece a Verdade e trabalha com a premissa da Verdade agora.

Minha consciência funciona, hoje, com novas idéias. As negativas de ontem não têm lugar em meu pensamento hoje; liberto todos os julgamentos pessoais relativos às pessoas, situações e governos. Eu perdôo e esqueço mágoas antigas. Estou, neste dia, com pensamentos e sentimentos novos. Eu sustento esta pureza espiritual. Gosto do dia de hoje e, durante o mesmo, espero apenas pelo bem e pelo certo. Meu pensamento tem premissa espiritual, assim como eu conheço a Verdade e afirmo que minha consciência é espiritualmente sólida.

Este é meu dia de demonstração. Relaxo de todas as tensões e deixo a Ação de Deus acontecer em todos os meus pensamentos e sentimentos. Estou totalmente receptivo ao meu mais alto bem e, agora, aceito as idéias que o produzirão. Hoje é maravilhoso. É a bondade de Deus onde eu estou.

Meu Bem

Onde Eu Estou, Meu Bem Está

Eu estou sempre na presença da Mente Infinita. Essa Mente está sempre em ação em minha consciência. Suas idéias são minha fonte de sabedoria e correto conhecimento instantâneos. Eu afirmo que essas grandes idéias, agora, operam em todo o meu pensamento, sentimento e ação. Anunciam para minha consciência que o bem que quero, já tenho. Não preciso viajar em corpo ou mente. Meu bem é Deus em ação, neste momento, em minha consciência. Vindo do Espírito, é livre de todo o condicionamento no mundo de falsas idéias. Meu bem é agora e eu, de forma subconsciente, aceito isso como a Verdade, porque é a Verdade.

Todo o poder age nesse claro conhecimento de mim. Não há nada que possa se opor, limitar ou retardar o meu bem. Meu bem é independente do processo que demonstra isso agora. É divinamente autorizado por minha aceitação espiritual disso. Minha decisão do que é meu faz isso acontecer. Relaxo de todas as preocupações e outras especulações negativas. Isso não tem lugar ou influência em meu pensamento.

Contemplo meu bem como sendo um fato. Aparece em minha experiência na hora, em ordem e de formas amáveis. Agradeço a essa Mente por fazer ser assim. Eu me regozijo e estou feliz por essa ser a verdade.

Aprecio o Bem que É Meu

Deus trabalha em minha consciência de formas maravilhosas. Esse é o elemento sagaz em todo o meu pensamento. É a criatividade de minha consciência. Aprecio o que o Espírito Infinito está fazendo em mim, por mim e em todos os meus afazeres. Sou inspirado em todos os momentos deste dia. Estou consciente do propósito divino e da ordem divina em meus afazeres. Todas as coisas trabalham juntas como o meu bem.

Não perco tempo me preocupando ou tendo pensamentos negativos. Eu deixo a Consciência de Deus me dar a idéia de que preciso para cada parte do trabalho que devo fazer, e o faço na hora e organizadamente. Não faço meu bem ficar para depois, pela procrastinação. A Inteligência Infinita está sempre em ação em todos os pensamentos que tenho e em todos os trabalhos que faço. Vivendo a vida espiritual de Deus, fico em paz com as minhas atividades e gosto de tudo o que faço. Eu executo tudo com facilidade e alegria. Eu aprecio o bem que é meu. Este é o resultado da minha consciência e do seu pensamento e conhecimento corretos. Isso me lembra da tolice que é ter preocupação e da tensão. Elas não têm mais lugar nem função em minha consciência. Sou privilegiado por saber que eu sou a Verdade e que, amorosamente, expresso essa Verdade.

Problemas

Eu não Sou uma Pessoa-problema

A Mente Infinita nunca criou ou conheceu um problema. Eu nasci dessa Mente como um indivíduo sem problemas. A Mente e o Amor do Infinito são meus padrões espirituais. Para mim, eles deram a total sabedoria e a inteligência da vida. Toda a minha, assim chamada, herança foi espiritual e não traz problemas do passado. Hoje é meu dia de ser livre de qualquer problema ou situação que eu acredite ser minha.

Eu me liberto dos problemas conhecendo a Verdade, e a Verdade é que eles são temporários e não são reais ou permanentes. Não há lugar na minha consciência para declarações negativas de preocupação ou medo. Toda minha energia espiritual é gerada para a solução dos problemas para que eles saiam da minha vida exatamente agora. Isso é o que eles fazem, para eu não continuar pensando e pensando novamente a esse respeito. Agora, eu sou livre para pensar adiante e criar o que realmente quero.

Toda a Mente e suas idéias me dão a nova direção que eu preciso para ser criativo e produtivo. Em minha consciência, essa ação está acontecendo e eu, instantaneamente, sei o que fazer e faço. Não há hesitação em meu pensamento. Não há sensação de não ser merecedor do grande bem que venho a ser. Livre de problemas, sou valioso para Deus e para os meus semelhantes.

Eu Sou Maior que o Meu Problema

Toda a Mente é centrada em minha consciência. Todas as idéias, eu já tenho. Eu sou completamente consciente de que eu, sozinho, posso resolver meus problemas. Não me apóio nas opiniões de outras pessoas. Eu sei o que fazer e faço pelo Divino Centro em minha consciência. Eu sou um pensador controlado em uma situação controlada. Sabendo disso, sou uma completa individualização espiritual da Mente, não tenho medo de problemas e não tenho dúvidas sobre como lidar com eles.

Eu sou igual em qualquer situação que me confronte. Afirmo que não há poder ou realidade em nenhum problema. Agora, as negativas são neutralizadas por esse tratamento, que é a Palavra de Deus declarada na Lei da Mente. Minha consciência é ativada pela Inteligência Divina, assim eu sempre vejo, além do problema, a solução. Sei que qualquer problema é um efeito temporário de uma causa negativa. Não há permanência para as negativas. Elas aparecem para poderem desaparecer. Não há substância espiritual nelas.

A Sabedoria Divina em ação na minha consciência neste momento me dá as idéias de que preciso e eu as utilizo para resolver minhas dificuldades. É isso o que fazem, e eu fico livre para fazer coisas maiores. Eu louvo os meus recursos internos que sempre me apóiam na ação correta.

Eu não Tenho Medo

Não há nada na Mente Eterna e Causativa para criar o medo. Em Deus, isso não tem verdade ou realidade. É um falso impedimento que restringe a minha capacidade e atrapalha as minhas emoções. Eu decreto em minha consciência que todo medo, agora, é aniquilado e não pode reaparecer em meu pensamento. Agora, estou livre para ser totalmente Eu mesmo.

O mundo em que vivo é agradável. Convida-me a explorá-lo e a recolher todo tipo de bem dele. Sem medo, posso apreciá-lo e beneficiar-me dessa paz e beleza. Não temo as mudanças de estações. De formas diferentes, cada uma me dá alguma coisa. Concordo com todos os tipos de tempo e não temo o frio nem o calor. Sinto a onipresença do Espírito Vivente em toda a natureza e em todas as pessoas.

Sem medo em minha consciência, agora, posso apreciar todos os homens, mulheres e crianças. Como eu mesmo, eles são todos seres espirituais em seus caminhos individuais. Não posso ser machucado por ninguém, pois não há nada na minha consciência para criar isso. Todas as pessoas compartilham amor comigo e eu compartilho o meu amor com elas. Todas as áreas da minha vida diária ficaram maiores como resultado de minha liberdade mental.

Saúde

A Saúde de Deus É a Minha Saúde

A Vida, Deus, que é perfeita e indestrutível, criou-me baseado em si. Criou-me com o propósito definido de expressar saúde espiritual e física por todos os anos em que eu estiver neste grande mundo. Eu aceito a saúde como um presente espiritual. Eu a mantenho com sabedoria. Eu mantenho o meu pensamento saudável e a minha consciência em harmonia para que tudo o que eu queira fazer, eu seja capaz de fazer. Eu me recuso a manter uma doença com preocupação e medo.

Novas idéias criativas preenchem minha consciência com novos pensamentos e planos. Isso é saudável para minha mente. São alimento mental, ideais nutritivos e expectativas. Levam embora o estresse e a tensão. Reafirmam para mim todo o bem que é meu quando eu o aceito e louvo. Eu sei que sou a Vida de Deus. Eu sei que sou merecedor de saúde em todas as suas formas. Eu sou conhecido pelos outros como um indivíduo saudável e estou vivo, com vitalidade e alegria.

Eu confiro a minha consciência para estar certo de que ela é motivada pela saúde e está interessada na saúde. Eu me recuso a deixar que os pensamentos do mundo sobre possíveis doenças entrem, algum dia, em meu pensamento. Eu sei que minha saúde é e será sempre espiritual e divina. Eu agradeço por isso ser assim.

Louvo a Fonte da Minha Saúde

Deus, como Mente, Amor e Verdade, está em completa ação em minha consciência hoje. O motivo da minha saúde e da sua continuidade é a minha consciência. Eu sei que não há causa física ou material para minha saúde. A perfeita circulação de idéias espirituais em meu pensamento é a verdadeira fonte do meu bem-estar. Eu louvo a minha consciência dessa Verdade. Eu sou saudável e pareço saudável. Eu falo saudavelmente.

Idéias novas e frescas me interessam. Eu as aceito alegremente e minha consciência as assimila. Agora, deixo todas as idéias velhas e desgastadas abandonarem a minha mente subconsciente e elas não devem voltar. Eu aprecio o seu valor em determinado momento, mas, agora, eu não as quero mais. Idéias espirituais seguram minha atenção certa agora e devem continuar assim. Essas idéias criam, para mim, mais saúde, vitalidade e alegria.

Sabendo que a Mente Divina é a causa da minha saúde, espero continuar preenchido deste dia em diante. Isso não deve ser limitado pelas opiniões das outras pessoas sobre idade, tempo, dieta ou estresse. Eu sou um indivíduo pensante na Mente e penso na saúde e na vida, independente da advertência de todo mundo sobre doenças. Não posso ser convencido por nada além da Verdade. Minha consciência conhece sua fonte e eu sou notadamente saudável.

Pensamento Espiritual Cura

O Espírito Divino em minha consciência é completamente capaz de me libertar de tudo o que possa obstruir ou limitar minha liberdade de viver completamente este dia. Sei que isto é totalmente certo e que depende da minha natureza pensamento-sentimento. A Inteligência de Deus ilumina e cura todo pensamento incorreto que eu possa ter. Não teme a doença em qualquer forma. Não a conhece. Em minha consciência, ela sabe que isso não pode ser, pois eu sou uma criação espiritual e, portanto, sou perfeito.

Todas as causas erradas em meu pensamento são, agora, eliminadas pela ação da Verdade que está sempre certa em suas conclusões. Conhece-me como seu indivíduo amado por meio de quem se glorifica. Vida e saúde perfeitas circulam pela minha consciência. Isso elimina todas as falsas especulações sobre doenças e suas possíveis conseqüências. Novamente, eu conheço minha Fonte e sua ação perfeita em mim e por mim. Eu sou a Saúde que é Deus.

Meu pensamento espiritual correto cura-me de tudo o que não for a Verdade. Agora, sou livre de todas as possibilidades negativas de problemas. A sempre renovadora vida do Espírito me mantém em bem-estar e em uma vida eficaz. Sou capaz de funcionar bem e ter paz na mente. Agora, vivo com segurança. Minha consciência me dá idéias saudáveis para usar para uma vida mais rica.

Eu Sei que Minha Saúde É Espiritual

Eu sei que Deus é tudo em tudo e em ação por meio de tudo. Portanto, minha vida e minha saúde são espirituais e divinas. Em minha consciência, as idéias de vida e saúde são idéias completas que contêm, dentro de si, todo pensamento e toda idéia menor para sua total expressão em minha vida exterior. Minha saúde é certa e imutável.

Agora, eu decreto que minha mente subconsciente liberte e anule todos os padrões negativos de desgraças em qualquer de suas desagradáveis formas. Eu não sou sintomas médicos. Eu sou espírito e sou vida. Eu sou saúde com todo o seu entusiasmo e vitalidade para uma vida realizada e feliz. Minha saúde espiritual me mantém em liberdade corporal para fazer todas as coisas que quero e para fazê-las com facilidade.

Idéias saudáveis preenchem toda a minha consciência. Não há lugar em meu pensamento para temer a doença. Eu vivo de forma saudável. Eu utilizo minhas idéias espirituais de sabedoria referentes aos cuidados com meu corpo. Eu aprecio e louvo minha saúde, que é a Vida de Deus em minha consciência. Eu penso corretamente sobre mim e sobre as funções do mundo.

Eu falo saúde. Eu afirmo essa saúde para as pessoas que estão próximas de mim. Eu sei que a saúde espiritual pertence a todos. Em meu subconsciente, aceito esse tratamento. Eu exibo minha consciência de saúde.

Meu Pensamento Mantém Minha Saúde

Minha saúde é espiritual em essência e perfeita em sua manifestação. Isso facilita muito minha atuação na vida. O Espírito vivente todo poderoso é a fonte e a continuidade do meu bem-estar físico. Minha consciência sabe disso e meu pensamento correto sobre a minha saúde mantém isso em plenitude. Eu me certifico de que meu pensamento esteja baseado em idéias criativas e de valor. Essas idéias já estão em minha consciência aguardando que eu as utilize.

Eu espero ser saudável hoje e sempre. Eu disciplino meus hábitos de vida diários para estar certo desta saúde dada por Deus. Eu me recuso a favorecer preocupações, medos ou mágoas. Essas coisas são propensas a desgraça e não têm lugar em meu pensamento e sentimento naturais. Não são de Deus e não podem limitar minha saúde. A Mente Divina não conhece negativas e eu nasci dessa Mente. Eu penso saúde, aprecio minha saúde e louvo minha saúde. Todas as energias da minha mente e do meu corpo estão trabalhando em total acordo, criando e mantendo minha saúde. Minha saúde é livre de falsas crenças de idade, herança ou tempo. A saúde é espiritual e divina. Sabendo disso, não estou sujeito às opiniões de outras pessoas sobre minha saúde. Minha consciência é mantida espiritualmente pelo meu pensamento certo.

Aproveito minha saúde

Toda vida inclui a capacidade de ter prazer, porque toda vida é Divina em origem e na ação diária. Eu sei disso e aproveito tanto da vida quanto puder segurar e experimentar. Eu valorizo meu conhecimento de Deus, a Mente, como criador de tudo o que sou e de tudo o que serei. Minha saúde vem da Fonte e faço as coisas que irão mantê-la em plenitude.

Meu pensamento é saudável, pois minha consciência é saudável. Todo o mental subconsciente e os padrões emocionais que poderiam causar desconforto e doença, agora são apagados por este tratamento que é a Palavra de Deus dita na Lei da Mente. Essa Palavra que eu declaro tem todo o poder e executa a si mesma. Idéias corretas mantêm minha consciência em atitudes saudáveis. O pensamento novo de hoje revela a vida nova que eu sempre tenho.

Vivendo com saúde e bem-estar, não espero a doença de nenhuma forma para mim. Minha saúde é espiritual e completa. Sei disso e falo isso como a Verdade do meu ser. Cancelo todos os pensamentos negativos assim que eles aparecem em minha consciência. Não encontram lugar para ficar em meu pensamento. Hoje, sou saudável, feliz e sinto-me maravilhoso. Eu louvo a saúde de Deus, que é minha, agora, e deverá ser para sempre.

Riqueza

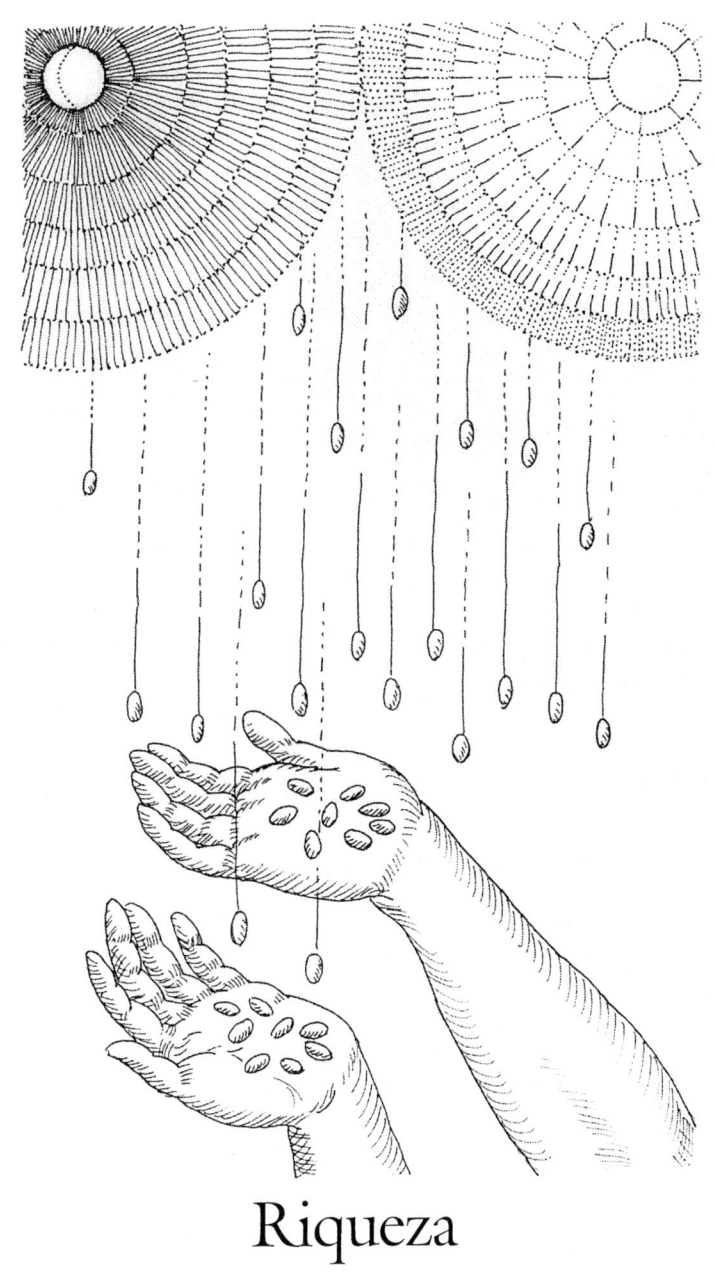

Louvo Minha Saúde em Deus

Tudo o que sou e tudo o que tenho é resultado da causação Divina. Sou a personificação do Espírito vivente. Eu sou Deus em ação hoje. Eu agradeço que, na ordem divina, minha riqueza esteja estabelecida, em ação e consciência. Isso me inspira a viver sabiamente. Eu aceito minha prosperidade como certa e sempre se expandindo em minha consciência. Toda idéia que preciso para manter e aumentar o fluxo de prosperidade está, agora, em meu pensamento e eu uso isso para o meu bem.

Meu bem nunca diminui porque causas espirituais nunca se retiram. Padrões antigos de preocupação ou medo em relação a dinheiro são eliminados de minha mente subconsciente mediante este tratamento que é a palavra da Verdade dita na Lei da Mente. Todas as portas que precisem ser abertas para o contínuo fluxo do dinheiro em minhas atividades agora estão abertas.

Tudo o que preciso financeiramente está estabelecido em minha consciência antes que eu venha a precisar. Minha prosperidade, sendo espiritualmente baseada, não é baseada em opiniões mundanas ou conselhos de outras pessoas. Como um indivíduo espiritual, sou independente no pensamento puro. Eu agradeço por saber que Deus é minha fonte e que devo sempre ter tudo o que precisar sempre que precisar.

Meus Recursos São Inesgotáveis

Tudo o que a Mente Eterna e a Bondade têm é meu para ser usado de formas certas e amáveis para minha própria felicidade e para a felicidade daqueles a quem amo. Não há restrições na doação espiritual da Vida para mim. Eu sou capaz de ter tudo o que quero em cada dia da minha vida, agora. A generosidade aguarda o meu reconhecimento. Não há pessoas favoritas para quem isso dá. Eu sou um ser espiritual com o valor da plenitude de ser. Eu conheço a generosidade do Espírito. Ela cuida de tudo o que preciso e desejo quando sei que está fazendo isso.

Não posso dispor de pensamentos pobres com suas sutis maneiras de fazer eu achar que não posso dispor do que há de melhor. Tais padrões negativos em minha mente subconsciente são arrancados e se vão com este tratamento, que é a Palavra da Verdade declarada na Lei da Mente. Agora, eu sou livre para contar com meus inesgotáveis recursos espirituais e realmente me sentir confortável com minha vida próspera. Eu agradeço pela corrente contínua e aumento do bem em minha vida. Eu aprecio a Mente e o Coração do Ser por minha vida bem vivida e amor que dou e recebo diariamente. Eu sei que tudo está bem em minha consciência.

Deixo a Prosperidade Acontecer

Na totalidade de Deus eu moro eternamente. A Mente infinita é minha consciência e minhas idéias corretas estão sempre em ação nessa consciência. Eu sei que tudo o que quero está me sendo dado agora pelo Espírito que é Deus. Minha prosperidade existe e agora eu a deixo acontecer.

Qualquer e todo padrão negativo em minha mente subconsciente a respeito de dinheiro, finanças e da suposta virtude da pobreza são, agora, apagados, são libertados do meu pensamento. Nunca mais poderão influenciar o meu pensamento. Minha prosperidade é um fato real na minha experiência de hoje. O que quer que precise ser feito para revelar sua presença é feito com a ação correta e do jeito certo, por Deus, o Espírito vivente Todo Poderoso.

Isso é meu e eu sei disso. Eu penso nas suas condições. Eu ajo de maneiras prósperas. Agora, não tenho medo de futuras necessidades ou tensões financeiras. A Abundância Divina é minha por direito de consciência e não pode nunca me deixar. Eu me regozijo e agradeço por ser assim. Eu aprecio as idéias perfeitas de fartura, agora agindo em minha consciência.

Minha fé é nas idéias prósperas do Espírito. Isso enriquece meu pensamento e me mantém no correto conhecimento. Removem todas as dúvidas e especulações negativas. Eu conheço a Verdade da minha prosperidade e toda a minha consciência a aceita e age nessa nova premissa, com alegria.

Espero o Melhor

Toda a vida é minha para usar com a expansão da bondade na minha experiência. A Mente Infinita não pode, por sua própria natureza, manter idéias afastadas da sua consciência. Eu sou o meio pelo qual o Infinito cria no nível do finito. Eu sou a Mente completa em ação neste momento e durante este dia. Todas as idéias de que preciso agora ou há qualquer instante no futuro estão em minha consciência desde já.

Sabendo disso claramente, deixo minha prosperidade acontecer. Eu aceito mentalmente isso como uma idéia completa e realizada em minha consciência. Todo e qualquer padrão subconsciente que sejam contrários a essa Verdade, agora são apagados e se vão de meu pensamento. Tudo o que preciso para prosperar em todas as áreas de minha vida está, agora, em ação em minha consciência, e eu dou a essa corrente onipotente criativa minha total cooperação. Espero o melhor que possa acontecer para acontecer agora nos meus afazeres.

Eu sou prosperidade. Eu penso prosperidade. Eu amo prosperidade. Não condeno o dinheiro ou outros usos dele. Meu dinheiro é espiritual na causa e maravilhoso nos resultados. Eu o utilizo com sabedoria. Eu aprecio todos os seus benefícios. É uma constante evidência da glória de Deus dando-me segurança e paz mental. Eu sou enriquecido pela Verdade do meu ser.

Sou Apoiado pela Vida

Minha prosperidade é uma porção da Provisão Universal que é Deus em ação. É permanente em minha consciência, oferecendo a plenitude da vida. Esse recurso interno independe da minha idade ou das limitações que eu mesmo impus para o meu bem abundante. Está sempre disponível quando penso espiritualmente e afirmo que sou abastecido por uma Mente irrestrita.

Eu, agora, aceito minha liberdade com o dinheiro. Eu respeito o dinheiro, sei que é uma idéia espiritual para manter-me com facilidade de ação. O dinheiro não pode se afastar. Não tem mente própria. Minha consciência é o fator decisivo e eu decidi que tenho e sempre terei dinheiro em todas as suas variáveis, apoiando tudo o que quero ser e fazer. Isso sempre acontece em meus afazeres por caminhos certos pelos canais certos. Eu utilizo o dinheiro com sabedoria, mas nunca sou mesquinho comigo mesmo. Não invejo a riqueza dos outros. Eu tenho esse recurso espiritual interno que sempre mantém totalmente a minha forma de vida. Pensamento afirmativo mantém minha liberdade financeira. Eu aprecio o apoio Divino em meus afazeres. Eu agradeço à Mente e ao Coração de Deus que me criaram e me mantêm.

Leitura Recomendada

CURA ESPIRITUAL ATRAVÉS DAS MÃOS
Deixe Sua Energia Fluir
Michael Bradford

Um manual de treinamento no qual você vai constatar que a arte da cura é bem mais simples do que se fala.

PREVINA DOENÇAS
Faça do Alimento o Seu Medicamento
Dr ª Jocelem Mastrodi Salgado

A Drª Jocelem Mastrodi Salgado orienta de forma séria, e com bom humor, como elaborar um programa de reeducação alimentar para prevenir doenças. Com alguns cuidados e uma dieta compatível com as nossas possibilidades, podemos encarar o dia-a-dia com mais disposição e afastar qualquer mal-estar corriqueiro.

Veja o que você encontra neste livro:
- O câncer: sugestões para enfrentá-lo na cozinha.
- Não deixe a osteoporose quebrar você.
- Azia, má-digestão: seu estômago está pedindo ajuda.
- O envelhecer e a saúde, uma relação necessária.
- Noites bem dormidas, refeições bem digeridas.
- Hipertensão: saiba como desativar essa bomba.
- Diabetes: as soluções não precisam ser amargas.

Leitura Recomendada

AS ÁRVORES CURAM
O Poder Terapêutico das Árvores
Manfred Himmel

Este livro aborda não só as propriedades curativas das árvores mas também o equilíbrio da aura humana, os elementais, os ritmos benéficos da vida, os ciclos da lua, a transferência de energias curadoras e muito mais.

URINOTERAPIA — Xixi
O Meio de Saúde Mais Extraordinário que Existe
Dr. Christian Tal Schaller, Ludmilla de Bardo, Johanne Razanamahay, Françoise Schaller-Nitelet e Kiran Vyas

Um livro rico, esclarecedor, didático e muito bem humorado, tirando proveitoso partido dos comentários peculiares que são feitos em torno da Terapia do Xixi. Não se trata de uma abordagem espiritual; é a medicina natural e popular!

Leitura Recomendada

PODER CURATIVO DA BABOSA
Aloe e Vera
Neil Stevens

Estas são apenas algumas propriedades já comprovadas da Babosa: anti-séptico natural; facilidade de penetração na pele e nos tecidos; ação anestésica; bactericida, fungicida e antiinflamatória, etc.

PODER TERAPÊUTICO DO IPÊ-ROXO
A Árvore Divina dos Xamãs da América do Sul
Walter Lubec

O ipê-roxo é mais um grande recurso que a natureza colocou à nossa disposição e que nos últimos anos teve sua eficácia terapêutica finalmente reconhecida. Este é um livro completo sobre o assunto...

MAGIA E O PODER DA LAVANDA
Seus Segredos e Aplicações
Maggie Tisserand e Monika Jünemann

Desde 1972 Maggie Tisserand pesquisa a lavanda. O resultado dos estudos desta planta é um livro com rigor científico, mas ao mesmo tempo leve, informativo e útil, que a Madras traz para o Brasil. Os últimos capítulos são extremamente práticos.

ERVA-DE-SÃO-JOÃO
O Antidepressivo Natural — Manual para Compreensão e Uso
Hyla Cass, M.D.

Hyla Cass, formada em medicina pela Universidade de Toronto, conheceu a fitoterapia há cerca de 20 anos e desde então vem pesquisando os efeitos dos medicamentos naturais no corpo das pessoas.

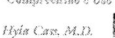

Leitura Recomendada

AURA-SOMA
A Quintessência dos Mestres
Anita Bind-Klinger com cartas de Gundi Hofinger

Este livro é a união de dois belíssimos trabalhos: o livro, de Anita Bind Klinger, e as cartas, de Gundi Hofinger. No livro, o ponto forte é a descrição dos pomânderes e das essências dos mestres, ou quintessências, que fazem parte da experiência direta da autora, a partir da qual ela idealizou sua obra. A obra é complementada pelas cartas que apresentam os frascos de óleos balanceados em toda a sua beleza, com indicações sucintas de seu significado e do método clássico de leitura.

COMO AUMENTAR SUAS CHANCES CONTRA O CÂNCER
Evitando o Desenvolvimento de uma Doença Potencialmente Fatal
Dr. John F. Potter, M.D.

Ainda não foi encontrada uma droga milagrosa contra o câncer. No entanto, "a maioria dos tumores pode e deve ser evitada", segundo o autor deste livro.

SAÚDE NATURAL PARA MULHERES GRÁVIDAS
Elizabeth Burch e Judith Sachs

As autoras dão explicações sobre diversos tratamentos simples e eficazes e oferecem uma completa educação pré e pós-gravidez. Você encontrará neste livro saúde e bem-estar para você e seu bebê com o uso de ervas, óleos essenciais, rémedios homeopáticos, acupressão, visualização e outras técnicas de harmonização do corpo e da mente.

MANUAL DA GESTANTE
Orientações Especiais para Mulheres Grávidas
Dr. Arnaldo Schizzi Cambiaghi

O objetivo deste livro é tornar a gestação e o parto eventos perfeitamente familiares à gestante, proporcionando-lhe conhecimento suficiente para reduzir ou eliminar o desconforto, o medo, a ansiedade e a angústia.

MADRAS® *Editora*

CADASTRO/MALA DIRETA
Envie este cadastro preenchido e passará receber informações dos nossos lançamentos, nas áreas que determinar.

Nome _____
Endereço Residencial _____
Bairro _____ Cidade _____
Estado _____ CEP _____ Fone _____
E-mail _____
Sexo ☐ Fem. ☐ Masc.   Nascimento _____
Profissão _____ Escolaridade (Nível/curso) _____
Você compra livros:
☐ livrarias ☐ feiras ☐ telefone ☐ reembolso postal
☐ outros: _____
Quais os tipos de literatura que você LÊ:
☐ jurídicos   ☐ pedagogia   ☐ romances   ☐ espíritas
☐ esotéricos ☐ psicologia ☐ saúde   ☐ religiosos
☐ outros: _____
Qual sua opinião a respeito desta obra? _____

Indique amigos que gostariam de receber a MALA DIRETA:
Nome _____
Endereço Residencial _____
Bairro _____ CEP _____ Cidade _____
Nome do LIVRO adquirido: Praticando a Cura Espiritual

MADRAS Editora Ltda.
Rua Paulo Gonçalves, 88 - Santana - 02403-020 - São Paulo - SP
Caixa Postal 12299 - 02098-970 - S.P.
Tel.: (0_ _11) 6959.1127 - Fax: (0_ _11) 6959.3090
www.madras.com.br

Para receber catálogos, lista de preços
e outras informações escreva para:

MADRAS
Editora

Rua Paulo Gonçalves, 88 — Santana
02403-020 — São Paulo — SP
Tel.: (0_ _11) 6959.1127 — Fax: (0_ _11) 6959.3090
www.madras.com.br

Impressão: Gráfica Palas Athena